DEUX MOIS DE PRISON
SOUS
LA COMMUNE
SUIVI DE
DÉTAILS AUTHENTIQUES
SUR L'ASSASSINAT
DE Mgr L'ARCHEVÊQUE DE PARIS

PAR

PAUL PERNY

de la Congrégation des Missions étrangères
l'un des Otages de la Commune, condamné de la Roquette.

> *Nimborum in patriam, loca fœta furentibus austris.*
>
> Patrie des orages, où s'enfantent les autans furieux. (VIRGIL, *Æn.*, l. I.)

PARIS
F. WATTELIER, LIBRAIRE-ÉDITEUR
19, rue de Sèvres, 19.

1872

DEUX MOIS DE PRISON SOUS LA COMMUNE

SUIVI DE

DÉTAILS AUTHENTIQUES SUR L'ASSASSINAT DE Mgr L'ARCHEVÊQUE DE PARIS

PAR

PAUL PERNY

de la Congrégation des Missions étrangères
l'un des Otages de la Commune, condamné de la Roquette.

Nimborum in patriam, loca fœta furentibus austris.
Patrie des orages, où s'enfantent les autans furieux. (VIRGIL., *Æn.*, l. I.)

PARIS
F. WATTELIER, LIBRAIRE-ÉDITEUR
19, rue de Sèvres, 19.

1872

EXTRAIT DE L'*UNIVERS*.

M. P. Perny, dont le *Journal officiel* a annoncé la mort et qui n'a échappé que comme par miracle aux fusillades de la Roquette, veut bien nous communiquer le récit fidèle, écrit jour par jour, de deux mois de captivité. Ce n'est pas sans des difficultés de toute sorte qu'il a pu entreprendre, continuer et mener à fin ce projet qu'il avait eu aussitôt. Il fallait cacher les feuillets avec soin, obtenir la quasi-complaisance du gardien, en un mot, surmonter toute sorte d'obstacles qui auraient vaincu la persistance d'un prisonnier ordinaire. Mais les missionnaires, habitués à écrire dans les prisons l'histoire de l'Église pour laquelle ils souffrent et meurent, ont naturellement le don de faire ces choses. C'est une de leurs grâces d'état, et c'est ce qui nous permet, aujourd'hui, d'offrir à nos lecteurs ces mémoires qui, à propos d'une situation personnelle, esquissent vraiment une histoire générale dont les derniers événements accroissent encore le douloureux intérêt.

(Louis Veuillot.)

DEUX MOIS DE PRISON

SOUS

LA COMMUNE

> *Nimborum in patriam, loca fœta furentibus austris.*
>
> Patrie des orages, où s'enfantent les autans furieux. (VIRGIL, *Æn.*, l. I.)

Mon cher ami, (1)

La nouvelle de mon arrestation est allée vous émouvoir douloureusement au fond de la province. Vous me pressez de vous raconter les circonstances qui ont accompagné et suivi cette arrestation si arbitraire. Vous me demandez un journal de ma captivité. J'éprouve une résistance intérieure à vous satisfaire. Il est si dur d'avoir à publier des faits qu'on ne rencontre plus que chez les

---

(1) Mgr S. Jacquenet, proton. apost. à Reims.

sauvages de l'Asie ! Dans les actes de barbarie de ces derniers, on trouve des circonstances qui en atténuent jusqu'à un certain point toute la sauvagerie. Chez eux, en effet, la raison n'est-elle pas dans une espèce d'enfance qui a ses soudainetés, ses brusqueries, ses colères irréfléchies ? Un certain vernis de naïveté primitive ne couvre-t-il pas leurs défauts, tout en plaidant encore en leur faveur ? Avant de faire de ces sauvages des chrétiens, ne faut-il pas d'abord en faire des hommes ? Chez nous, au contraire, les actes de barbarie sont étudiés et même raffinés. Les moyens d'exécution sont poussés à une perfection accablante. On y sent le degré d'une civilisation très-avancée, *qui s'égare dans ses voies*, et qui retourne, à grands pas, vers la barbarie.

Le mardi saint, 4 avril dernier, j'avais le dessein d'aller à la campagne, mais le chemin de fer ne marchait plus. Je me décidai alors à faire quelques courses en ville, accompagné de l'un de mes confrères de la Chine. Une affaire me conduisit dans le voisinage du Panthéon. Nous avions passé, ce jour-là, devant plus de dix postes de gardes nationaux, sans que personne fît attention à nous. Dans le quartier du Panthéon, nous n'eûmes pas le même bonheur. Des gardes nationaux du 202e bataillon, à moitié ivres, nous aperçurent et vinrent à nous. — « *Citoyens, vos passe-ports ? — Nos passe-ports sont en règle ; ils sont à notre domicile. Si vous avez le droit de nous les demander, venez avec nous ; on vous les montrera bien volontiers.* » A ces mots, l'un de ces misérables, qui ne mérite pas le nom d'homme, tire de sa poche un revolver à plusieurs coups et le tient élevé à deux doigts de ma figure.

Cet acte insensé ne me causa pas la moindre émotion. « *J'ai vu la mort vingt fois encore de plus près ; je ne crains pas vos menaces. — Ah ! maintenant*, fit ce malheureux, *il faut en finir avec vous autres une bonne fois ; il faut qu'on vous coupe tous en morceaux.* » Une foule compacte de passants et de soldats nous environnait déjà. Un jeune officier (1) accourut, me saisit le bras, en criant : « *Ne craignez rien, venez avec moi.* » Nous le suivîmes au poste.

---

(1) C'est un officier du 202e bataillon de la garde nationale. Ce bataillon doit être signalé comme l'un des plus dévoués à la Commune.

Quel était ce poste ? La maison préparatoire aux grandes Écoles, tenue par les PP. de la Compagnie de Jésus. La veille, cette maison avait été occupée militairement. Tous les pères et les frères présents avaient été faits prisonniers et conduits au dépôt de la préfecture de police. Le sac de la maison avait immédiatement commencé. On achevait alors la sacrilége dévastation et le pillage odieux de cette demeure de la science et du religieux dévouement. Nous eûmes la douleur de voir dans une salle, en face du parloir, un jeune officier emballant tous les vases sacrés qui avaient été découverts. Cela se faisait sans doute pour justifier, une fois de plus, la fameuse devise, si chère à nos démocrates : *Liberté*, *Egalité*, *Fraternité*, gravée à neuf sur tous les monuments publics de la ville depuis le 5 septembre dernier.

On nous écroua dans un parloir, qui est à droite en entrant. Un factionnaire montait la garde à la porte. En vain, je réclamai du papier pour prier quelqu'un de notre maison de nous apporter tout de suite nos passe-ports. En vain, j'offris qu'on nous accompagnât à notre domicile. Toutes les instances furent inutiles. On se bornait à nous répondre placidement : « *Attendez un peu. Ne craignez rien.* » Huit ou dix personnes, dont deux membres de l'ambulance internationale (1), vinrent successivement nous rejoindre dans cette espèce de prison. Quel était leur crime? Celui d'avoir ignoré la dévastation de cet établissement et de venir y visiter, qui un parent, qui un ami.

Trois longues heures s'écoulèrent ainsi en expectative. Durant ce temps, nous avons eu sous les yeux de véritables scènes de dégradation et de sauvagerie humaines. Des soldats ivres étaient amenés au poste. Ils opposaient toute la résistance possible à leurs camarades. Dès leur entrée à la maison, tous les hommes du poste, comme des bêtes fauves, sans en excepter le capitaine, se précipitaient sur le malheureux soldat ivre. C'était à qui le frapperait davantage à coups de poing, on le traînait, avec efforts, dans une salle de la maison. Ce vacarme indescriptible navrait mon âme de tristesse.

---

(1) Nous avons su, depuis notre délivrance, que l'un était M. Henri Dauverd, catholique d'un grand courage; l'autre M. Libman, qui est le promoteur de la souscription pour la réparation de la Chapelle expiatoire de Louis XVI.

D'autres membres du même bataillon avaient été surpris en flagrant délit de vol. Leurs poches étaient remplies des objets dérobés. Le même vacarme, la même scène se produisait à nouveau. « *Qu'on le fusille* ! » criaient quelques voix. « *Oui,* » répondait le capitaine, honteux sans doute d'avoir de tels hommes sous sa conduite, « *oui, nous l'attacherons tout à l'heure à un arbre, et nous le fusillerons.* » Cette parole me donna le frisson. Une justice aussi expéditive a-t-elle eu lieu ? Je l'ignore ; mais il est bon de faire mention du fait.

Le siége de Paris a mis à nu les plaies d'une portion de la bourgeoisie parisienne. L'une des plus humiliantes est celle de l'ivrognerie (1). Au fort du siége, des bataillons entiers, à moitié ivres, se rendaient en cet état à un poste assigné hors des murs. A la vue de cette troupe avinée, le commandant du poste n'avait rien de mieux ni rien de plus pressé à faire que de la renvoyer en ville. Et, pourtant, ce siége de Paris, qui a imposé de si dures privations, aurait pu pa-

---

(1) Cette plaie est si réelle que le 18 mai, la Commune rendait un décret contre l'ivrognerie.

raître à bien des gens un merveilleux spécifique pour faire disparaître, au moins en partie, ce vice abrutissant de l'ivrognerie, vraie lèpre qui ronge ce peuple comme l'opium ronge la nation chinoise. Eh bien, non, c'est le contraire qui a eu lieu. Avis aux physiologistes! Le siége de Paris a mis la plaie à découvert; mais, au lieu de la fermer, il n'a fait que l'envenimer, et la rendre peut-être incurable. — Comment cela? direz-vous. — Le voici. Il était passé de mode de ne pas aller aux remparts sans une abondante libation faite au premier coin de rue. Sur le rempart, si le pain était noir, si la viande de cheval était peu copieuse, on se résignait, pourvu que le vin et surtout les liqueurs fortes n'y fissent pas défaut. Malheureusement rien de cela n'a manqué. Les nuits de garde sur les remparts se passaient à boire et à jouer à la cantine. Ah! si, au début du siége, au lieu de laisser là, dans une énervante et fatale oisiveté, tant de milliers de bras, on les eût employés, les uns de jour, les autres de nuit, aux travaux si urgents de la défense, n'eût-on pas centuplé nos forces, activé les travaux de la résistance, mais surtout moralisé un peu ces pauvres bourgeois, soldats improvisés ? La classe ouvrière formait la masse de la garde nationale. On lui eût conservé la précieuse habitude du travail. Au lieu de cela, on n'a fait de cette classe nombreuse d'ouvriers que de *vrais flâneurs*, dont l'unique volupté ne consistait plus qu'à être habituellement entre deux vins. Aussi vous ne sauriez croire la rapacité avide avec laquelle, après l'armistice du 28 janvier, ces malheureux couraient encore après la fameuse *solde*.

Cette vie de désœuvrement avait désormais pour eux certains charmes. Aussi la Commune de Paris, qui savait mieux que personne la corde à toucher pour avoir un point d'appui, s'est-elle empressée d'élever le tarif de la solde, de promettre son payement régulier et de proroger indéfiniment le terme des loyers.

Vers six heures du soir, le chef de cette cohorte bruyante et avinée, docile exécuteur des hautes-œuvres de la Commune, prit à part chacune des personnes arrêtées. Il échangea avec elles quelques paroles pour la forme. La liberté leur fut rendue. Quant à nous, le chef nous annonça que nous irions nous expliquer devant le commandant du bataillon, qui avait son bureau à la préfecture de police. Un autre capitaine, qui se trouvait présent, voulait au contraire, qu'on nous accordât, sans délai, comme aux autres, la liberté. Mais le premier prétexta avec chaleur les ordres de son chef, et entendait, disait-il, que ces ordres fussent mis à exécution. On détacha donc du corps de garde quelques hommes pour nous conduire à la préfecture. Le trajet se fit à pied.

Je n'avais jamais vu ce nouveau palais, érigé sous la gestion du fameux Piétri, qui a si fort contribué à ruiner l'empire. Je pensais être introduit dans de splendides appartements, car nos démocrates au pouvoir ne dédaignent plus ces petites satisfactions-là. Quelle ne fut pas ma surprise, en nous voyant introduits dans une espèce de *sous-sôl*, bas, étroit et si rempli de gens qu'on pouvait à peine s'y mouvoir ! On nous présenta au commandant. — « Où est le procès-verbal ? » fit-il à l'un des soldats qui nous avaient amenés. — « Il n'y en a pas. Le capitaine va venir. » — Veuillez vous asseoir et attendre un peu. »

Ce chef, très-affairé, nous regarda à peine du coin de l'œil. Il lisait des dépêches qui arrivaient coup sur coup, donnait des ordres avec beaucoup d'animation, appelait ses gens, se fâchait, parce que tout ne marchait pas au gré de ses désirs. Non loin de son bureau était dressée une table de huit à dix couverts. On allait servir le dîner. Après un quart d'heure d'attente, le commandant se lève tout à coup, et, sous prétexte d'avoir à conférer avec un de ses collègues, nous invite à passer dans la salle voisine. A peine étions-nous dans cette salle, qu'un officier nous pria de le suivre. Nous obéissons. A la porte seulement, je devinai tout le manége. Une troupe de soldats, l'arme au bras, nous attendait là pour nous escorter, sous la conduite du même officier, jusque dans une autre partie du bâtiment. Nous traversâmes deux ou trois cours. On nous introduisit dans un bureau rempli de monde.

Un jeune homme nous demanda simplement nos noms et prénoms, et les inscrivit sur une feuille à moitié imprimée. Au même instant, on amenait à ce bureau un aumônier militaire, ayant au bras et à son chapeau tous les insignes que les aumôniers portaient durant le siége. Il venait, nous dit-il, d'être arrêté dans la rue de Vaugirard, où il demeure, bien qu'il portât avec lui son passe-port et d'autres pièces de ce genre. « L'exaspération de la foule était si grande, ajoutait-il, que je m'attendais à être massacré sur place. Je me félicite d'avoir été amené ici. » Ce bon M. Allard, du diocèse d'Angers, n'avait pas, le moins du monde, l'air attristé de son aventure. Le jour même, il avait consacré tout son temps à soigner les blessés sur le champ de bataille et à prodiguer les secours de son ministère à ceux qui les réclamaient.

Quelle feuille délivrait-on à ce bureau ? On se garda bien de nous la montrer. C'était tout simplement un ordre de nous écrouer au dépôt. Voilà une justice expéditive ! Pas une seule question ne nous avait été adressée.

On nous entraîna à un autre bureau. Nouvelle inscription de nos noms. On nous fouilla. Aucun instrument tranchant ne peut être conservé, même un canif. Si vous êtes muni d'une canne, on vous la fait déposer au bureau. Après cette visite, on nous fit passer encore dans un nouveau bureau. Inscriptions des noms et prénoms. Le chef de ce greffe échangea avec nous quelques paroles bienveillantes. Ses sentiments nous parurent très-convenables et plus élevés que tous ceux de ses collègues dans la bureaucratie. La police secrète de la Commune de Paris ne tarda sans doute pas à être informée des sentiments de cet employé. Peu de jours après, ce bon jeune homme était, lui aussi, écroué dans une cellule de ce même palais, à dix pas de nous. Je serais heureux que ces lignes pussent tomber un jour sous ses yeux, et, en lui portant l'expression de notre affectueuse reconnaissance pour l'intérêt qu'il nous a témoigné, le consoler un peu des avanies qu'il aura dû souffrir ! En quittant la préfecture de police, après dix jours de détention, je l'aperçus, à ma grande surprise, dans une cellule. Il me fit un signe. Je m'approchai aussitôt, et je pus, à travers le guichet de la porte, échanger à la hâte quelques paroles avec lui. La vue de ce jeune homme sous les verrous fut un nouveau trait de lumière sur la situation. (1) Depuis six jours, nous n'avions aucune nouvelle de la ville. L'horizon politique nous parut de plus en plus sombre et probablement l'espionnage à l'ordre du jour.

---

(1) M. Arthur Kahn avait été prié de rester à son poste. M. le Président Bonjean lui en fit un cas de conscience.

La Commune actuelle n'a pas l'esprit inventif ; elle s'efforce d'imiter en petit l'ancienne Commune de Paris.

Après une longue attente dans le couloir et toutes ces formalités, nous voici donc, cette fois, bien écroués au dépôt de la préfecture de police, dans une cellule de malfaiteurs. L'unique consolation qu'on nous laissait, et que nous devions à M. Kahn, était de nous trouver, M. Houillon et moi, dans la même cellule. Je renonce à vous dire l'impression douloureuse que j'éprouvai, quand j'entendis, pour la première fois, les lourds verrous de la porte se fermer sur nous. J'étais surtout impressionné de la prise de Mgr l'archevêque de Paris. Pour la troisième fois cette nouvelle arrivait à mes oreilles dans les bureaux que nous venions de traverser. Il n'y avait plus moyen de la révoquer en doute. De quelle manière ce prélat a-t-il été arrêté ? Nous l'ignorons. Il ne nous a précédés que peu d'instants à la préfecture de police. — « La persécution en grand est inaugurée, fis-je à M. Houillon. Félicitons-nous d'être ses premières victimes. » Une cellule en tout pareille à la nôtre abrite le premier Pasteur de ce grand diocèse. Tout entiers aux réflexions pressantes de notre nouvelle position, vous concevez qu'il ne fut pas question de manger ce soir-là. Je me bornai à serrer d'un cran la boucle de mon pantalon chinois, pour imposer silence aux borborygmes que la faim faisait courir dans mes entrailles.

A une heure avancée de la nuit, nous essayâmes de prendre un peu de repos. Nous n'avions qu'une seule couchette. On la dédoubla, et l'un de nous dormit sur le plancher. J'éprouvais une invincible répugnance à me jeter sur ce lit malpropre, après tant de gens dont le simple souvenir soulève le cœur. Un regard de foi vers Dieu donne la force de surmonter les dégoûts de la nature. Notre sommeil fut court et agité, bien que notre âme fût soumise à tout ce que la Providence venait de régler à notre égard. Certains physiologistes ont fait une remarque dont je désire vous faire part. Ils disent que la plus grande partie de ceux qui sont condamnés à souffrir une mort violente dorment la nuit qui précède leur exécution, bien qu'il n'y ait peut-être pas d'exemple d'une personne accusée d'un crime capital qui ait passé dans le sommeil la première nuit de sa prison.

La préfecture de police est déjà encombrée depuis le règne de la Commune. La partie du bâtiment dans laquelle nous sommes détenus m'a paru spécialement affectée, en temps ordinaire, aux personnes du sexe. Les malheureuses créatures qui ont passé ici ont voulu, pour la plupart, perpétuer le souvenir de leur séjour en ce lieu. Elles ont trouvé moyen de graver, avec un poinçon, leurs noms sur les murailles de la cellule. Une seule a laissé un signe de repentir, en implorant le secours de Dieu.

Voulez-vous une description détaillée de notre cellule et de son ameublement ? Ce sera probablement pour vous l'unique occasion de l'apprendre par un témoin oculaire. Tout porte à croire, vu notre amour français pour la régularité et la symétrie, que chaque cellule a la même dimension et que l'ameublement de l'une ne diffère en rien de l'autre. Si vous le voulez bien, nous allons faire ensemble le tour de la cellule nº 21. C'est justement le numéro de la chambre que j'habite au Séminaire des Missions-Etrangères. Sa largeur semble être de 2 mètres 60 centimètres sur le double de longueur (1). Une fenêtre élevée

(1) Je puis préciser à 1 m 75 la largeur des

et petite, munie d'un grillage solide, laisse entrer un jour suffisant dans la cellule. Un lit de fer est fixé à la muraille. L'usage de draps de lit serait du luxe ici. Une petite crédence en bois dur d'environ 50 à 60 centimètres carrés, également fixée à la muraille et pouvant s'abattre à volonté, tient lieu de table. Le tabouret est de même fixé à la paroi de la muraille par une grosse chaîne en fer. Voilà un bidon en fer-blanc verni qui ne ressemble pas mal à un arrosoir de jardin. Il renferme l'eau destinée au détenu. Que dites-vous de cette terrine en poterie, comme on en trouve aux îles Sandwich ? Il nous a fallu un moment de réflexion pour deviner que c'était probablement une sorte de cuvette à laver et pour se laver. La chose sera facile. Nous sommes sans linge. Mais ce qui nous a jeté dans le ravissement, c'est ce morceau informe de bois blanc. Les anciens peintres avaient grand soin, dit-on, de mettre au-dessus de leur tableau : *Ceci est un cheval, ceci est un chien*, etc., on aurait

---

cellules, car j'occupais alors le n° 7 dans le même corridor et, mes bras étendus, je touchais les deux murs opposés.

Note de l'éditeur.

pu sans cela se méprendre sur le sujet de leur toile. Franchement, l'administration aurait dû faire mettre sur le morceau de bois blanc cette inscription : *Ceci peut servir de cuiller*. Effectivement, il tient lieu de cela d'abord; puis de fourchette, puis de couteau. Convenez que, si la dette flottante de la France augmente d'une manière effrayante, M. Piétri n'y est pour rien.

Comment trouvez-vous ce gobelet en fer blanc rouillé? Voyez tous ces noms de femmes gravés à l'extérieur, probablement au moyen d'une épingle. Serait-il possible d'en ajouter encore un seul? Cette vue, je ne puis vous le dissimuler, me cause une nausée insurmontable. Chaque fois que je touche ce sale gobelet, le souvenir de ces malheureuses créatures, qui n'ont pour vivre dans cette Babylone que les ressources du plus honteux libertinage, me vient à l'esprit. Cette pensée rend amer le peu de boisson que j'y prends. L'ameublement de la cellule se complète par ces deux petits balais, l'un en bouleau, l'autre en chiendent, pour la propreté de la demeure. La politesse française veut que l'on ne nomme pas cette espèce de siége qui fait l'angle du coin droit et qui, vous le pensez bien, n'est point du tout un siége étrusque. C'est une fort heureuse invention. Nous en félicitons l'inventeur. Et voilà tout ! Cet ameublement n'est-il pas encore plus simple que celui des sauvages du Soudan ou des montagnes Rocheuses ?

Quel est le réglement de cette maison ?

Ce réglement est simple, peu compliqué. A l'aube du jour, un des gardiens entre dans la cellule pour éteindre le gaz. Puis vient un domestique enlever les balayures de la cellule, que chaque détenu a dû réunir sur le seuil de la chambre. Il place en même temps un bidon rempli d'eau pour la journée. Vers sept heures, on vous passe un pain de munition à travers le guichet. A huit heures, on sert dans un vase en fer-blanc, qu'on oublie chaque jour de nettoyer, une espèce de bouillon aux herbes de je ne sais quel pays. Je n'ai jamais pu déterminer le goût précis de ce bouillon. A trois heures de l'après-midi, le même vase du matin vous apporte une modeste portion de légumes cuits à l'eau. Ce sont des haricots, de la bouillie de riz et autres mets de ce genre. Le bon P. Houillon trouvait tout cela délicieux.

Je me gardais bien de le contredire, et je m'en tenais à son opinion. Une fois ou deux par semaine, au lieu du bouillon aux herbes ci-dessus, on servait un liquide froid qui avait un peu le goût de viande. Ces jours-là, le soir, au lieu de légumes, nous avions un morceau de bœuf froid salé. Tels sont la règle et l'ordinaire de la maison. Les détenus qui ont des ressources peuvent se faire servir un peu de vin, de la viande salée, du fromage par une cantinière, qui fait le tour des cellules.

Comment passiez-vous vos journées ?

Nous passions nos journées à prier et à raconter tour à tour les principales péripéties de nos carrières aventureuses au sein du Céleste Empire. A une pareille distance de ce singulier pays et dans un cachot de notre propre patrie, ces récits, que nulle visite importune ne venait interrompre, auraient pu ressembler à de vraies fantasmagories de l'imagination. Cette Chine est tellement l'antipode de l'Europe ! Aussi le temps ne nous paraissait-il nullement long. Que les voies de Dieu sont profondes, mon cher ami ! Vingt fois, en Chine, j'ai failli tomber sous la griffe des mandarins. J'ai couru des dangers sans nombre, errant pendant la nuit à travers les champs ou caché au fond d'une caverne profonde ! Une année, le jour de Pâques, je prêchai en habits sacerdotaux devant un mandarin accompagné de toute sa suite, venu dans le but de m'arrêter. Vingt fois je me suis vu au moment d'être écharpé par une foule malveillante d'idolâtres, à qui le seul nom d'Européen n'était pas moins odieux que celui de prédicateur de l'Évangile. J'avais échappé d'une manière presque miraculeuse à ces dangers immenses.

Pourtant, vous en conviendrez, mon cher ami, il y avait encore un côté vide dans *ma longue carrière apostolique*. Ne vous étonnez point si je souligne ces derniers mots. Le climat, les privations, déciment bien vite les missionnaires en Orient. On a calculé que leur vie moyenne était de huit à dix ans. Elle est moindre encore dans certaines régions de l'Afrique. Durant cette carrière en Chine, que de bons confesseurs de la foi n'ai-je pas reçus à leur retour d'un long exil ! Ils avaient passé vingt, trente ans et plus dans la lointaine province d'Y-Ly, sur les frontières nord-ouest de la Russie. L'un d'eux avait fait tout ce long trajet à pied, malgré ses quatre-vingts ans. Que de confesseurs n'ai-je pas couchés, soutenus, nourris au fond de leur cachot ! A combien même n'ai je pas procuré la délivrance ! Je vous nommerai seulement le vénérable Chapdelaine, dont j'avais réussi à obtenir l'élargissement. Le ouên-choû ou ordre mandarinal était en route depuis deux jours, quand je reçus la nouvelle de son martyre. Le mandarin subalterne qui l'avait arrêté s'était hâté de le mettre à mort. M. Chapdelaine était à quinze jours de marche de ma résidence. Ce cher martyr de Jésus-Christ aura dû m'en vouloir de cet acte qui allait le priver peut-être à jamais de la palme glorieuse, objet de sa pieuse ambition.

Eh bien, oui, mon cher ami, il y avait un vide dans ma carrière apostolique. Je n'avais pas expérimenté, goûté la vie d'un captif, d'un détenu dans une cellule destinée aux malfaiteurs de la société. Aujourd'hui ce vide est comblé ! Il a fallu traverser, pour la quatrième fois, toutes les mers, venir au sein du peuple qui se proclame *le foyer de la civilisation, le flambeau moral du monde*, pour que ce vide de mon existence fût comblé ! N'eût-on pas pris pour un insensé celui qui, au moment où je débarquais à Marseille, m'eût prédit ce qui s'accomplit aujourd'hui ?

Durant les deux premiers jours de notre captivité, nous avions la faculté d'écrire en ville et de recevoir des réponses. Mais on retira bien vite cette faculté à tous les ecclésiastiques détenus. Nous ne sommes pourtant pas des criminels. Ceux qui nous ont mis la main dessus le savent bien. Et quand nous le serions, pourquoi faire une exception à notre égard ? Les jeunes tribuns qui sont au pouvoir sont si heureux de montrer qu'ils sont puissants ! Ils se soucient bien peu qu'on les accuse d'autocratie. Notre correspondance était soumise au *visa* du bureau. Dans cette condition, elle devait être forcément très-vague.

Néanmoins, elle était une consolation pour nous et probablement aussi pour nos amis de Paris. Disposés à accepter généreusement tous les sacrifices qu'on nous imposerait successivement durant notre captivité, nous fîmes de bon cœur à Dieu celui de la rupture forcée avec nos amis de la ville. Je veux pourtant vous faire confidentiellement un petit aveu. Durant ces premiers jours de captivité, il me fallait un certain effort pour détourner de mon esprit une pensée qui venait de temps à autre l'assiéger dans la journée : « Notre maison n'aura-t-elle pas été pillée ? Mes manuscrits, fruit de deux années de laborieux travaux, n'auront-ils pas disparu dans cette débâcle ? » Cette pensée me causait chaque fois un peu d'anxiété. Mais ensuite Dieu me fit la grâce d'y être parfaitement insensible.

Une des premières nuits que nous étions au dépôt, je m'étais endormi assez tard. J'en étais à mon premier sommeil, quand je fus éveillé en sursaut par ces cris : « Au secours ! au secours ! » prononcés avec de grands efforts par une voix à demi suffoquée. J'entendais en même temps les pas précipités des gardiens qui accouraient au lieu d'où partaient les cris. Je m'élançai hors de ma couche, tout ému. La scène se passait presque en face de notre cellule, de l'autre côté du bâtiment. Les cris « Au secours ! » continuaient d'une voix de plus en plus mourante. Enfin, après quelques minutes d'attente, je vis les gardiens tenant fortement un individu en chemise et le traînant à l'autre extrémité du corridor. Une lutte s'était engagée entre deux détenus réunis dans la même cellule. Cette scène me priva du sommeil pour le reste de la nuit.

Le vendredi saint, dans la matinée, nous eûmes une consolation, celle de recevoir une lettre du bon Supérieur de notre Séminaire, avec un secours en argent. Sa lettre nous causa une douce joie, car nous avions lieu de supposer que jusqu'à ce moment notre maison avait été épargnée. Mais depuis ce jour nous n'avons plus eu de nouvelles. Avec cette lettre, j'en recevais une autre qui m'impressionna vivement. Un ouvrier de l'imprimerie de M. Ad. Lainé, 19, rue des Saints-Pères, avait appris mon arrestation. Sans perdre une minute, ce généreux ouvrier fait le projet de travailler à mon élargissement. Il vient dans tous les bureaux de la préfecture, il plaide en ma faveur ; on lui refuse la permission de me voir. Il écrit à Raoul Rigault, délégué à la sûreté générale. Sa lettre, d'une touchante simplicité, me raconte ses démarches et son espoir de me voir bientôt délivré. Je tiens à vous donner le nom de ce généreux ouvrier. M. Michel a fait la plus grande partie de mon travail sinologique.

Je lui garderai une sincère reconnaissance. M. Michel est, du reste, un homme grave et honnête (1).

La semaine sainte passée dans un cachot ne laisse pas l'âme d'un missionnnaire sans consolations.

La méditation des douloureux mystères de la Passion de N. S. n'effleure pas ici la surface du cœur ; elle le pénètre jusqu'au plus intime. Au lieu d'être attristés de notre captivité, nous nous en félicitions tous deux. Vous savez, mon cher ami, que l'un des premiers actes de la Commune a été de supprimer tout acte public de culte religieux dans les prisons et les casernes militaires. Pour nous, la fête de Pâques n'a différé en rien des autres jours. Nous nous sommes unis d'esprit et de cœur aux solennités du monde catholique. Il y a lieu de penser que, vu les circonstances politiques du moment, vu surtout la prise de Mgr l'Archevêque et d'un nombreux clergé, les cérémonies du culte

(1) M. Lainé a fait lui-même, auprès de madame Jules Andrieux, dont le mari était membre de la Commune, et laquelle lui avait de grandes obligations, les démarches les plus actives, mais sans aucun résultat.

catholique auront dû être fort simples, cette année, dans cette grande ville. Le jour de la solennité s'est terminé pour nous par l'incident que je vais vous raconter.

A la nuit tombante, un des gardiens nous fit sortir de notre cellule et nous indiqua de la main une salle au fond du couloir où l'on nous attendait.

C'est, disions-nous, un interrogatoire que nous allons subir.

Un jeune homme de vingt-deux à vingt-cinq ans, d'une tenue négligée, jointe à une grande désinvolture, se trouvait là seul assis devant une petite table. J'éprouvai un mouvement de surprise en l'abordant. Je croyais m'être trompé de salle. Mais ce jeune homme, très-éveillé, coupa court aussitôt à mon incertitude, en nous demandant nos noms. Il les inscrivit sur une feuille de papier volante.

Ayant appris que nous étions missionnaires en Chine, il voulut engager une discussion *plaisante, ironique* pour nous prouver que nous étions des imbéciles d'aller prêcher l'Évangile aux Chinois.

La liberté de ce langage m'attrista. Je me bornai à lui dire : « Monsieur, nous ne pa-

« raissons sans doute pas ici pour engager « une telle discussion ; veuillez, s'il vous « plaît, passer outre. »

Au même instant un autre individu vint s'asseoir au côté opposé de la même table.

Celui-ci était un peu plus âgé ; ses manières aussi étaient un peu moins grossières. Mais, démocrate plus pur que son collègue, il ne souffrait pas d'autre titre que celui de « citoyen ». Quel était le plus élevé en grade? je n'en sais rien. J'ai cherché à savoir leur titre officiel et leurs noms. Je n'ai pas réussi.

La question religieuse de notre mission en Chine se trouvant écartée, on en vint à celle de notre arrestation. Je racontai les circonstances en détail. Après les avoir entendues, ils n'ont pu s'empêcher de nous dire, à deux reprises, qu'ils « regrettaient sincèrement « ces actes. — Êtes-vous jésuites ? » — Notre réponse ne les satisfaisait pas. N'ayant aucune notion des sociétés religieuses, ils ne pouvaient comprendre que nous ne fussions pas jésuites. — « On vous soupçonne de com- « plicité avec le gouvernement de Versailles. « — Jamais on ne pourrait produire la plus « minime preuve de votre assertion. De pas- « sage en cette ville, nous sommes en dehors

« de tout parti ; dans un bref délai, nous « devons quitter Paris. Si c'est un crime que « de déplorer la lutte fratricide qui est en- « gagée, nous l'avouons, nous en sommes « coupables. — Oui, mais vous ne pouvez « ignorer que c'est au nom de votre religion « que l'on nous combat. Un prêtre, un ex- « prêtre du nom de Cathelineau, est à la « tête de ces armées-là. Tous ses soldats « portent sur la poitrine de grands sacrés- « cœurs de Jésus, et c'est sous ce palladium « qu'ils viennent nous égorger ; comment « trouvez-vous cela ? — Nous ignorons abso- « lument tous ces faits ; la politique est la « dernière de nos préoccupations. Nous som- « mes ici pour disposer notre retour en « Orient. Ces soins absorbent toutes nos « pensées et tous nos loisirs. Nous ne con- « naissons que superficiellement les événe- « ments. »

Je n'insistai pas ; le temps manquait ; nos juges n'étaient point d'humeur à entendre la vérité.

« Vous pouvez vous retirer, nous verrons « dans quelques jours ce que l'on veut faire « de vous. Nous tenons à avoir des otages, « et le plus grand nombre possible. Dans

« deux ou trois jours, nous e-pérons en avoir « fini avec les Versaillais. »

Telle est la substance de cette entrevue à laquelle il m'est difficile de donner un nom particulier. Car ce n'est nullement un interrogatoire que nous avons subi. Je fis un léger salut à ces deux citoyens et je me retirai avec mon cher collègue.

Cette entrevue n'avait pas été longue. Cependant l'esprit des deux citoyens que nous venions de quitter s'était manifesté amplement. Nous avions un thème tout prêt à de nombreuses réflexions, au retour dans notre cellule. Vous les devinez. Je passe outre. Si notre situation avait été très-vague jusque là, elle commençait à prendre une tournure accentuée.

Le mardi de Pâques, dans l'après-midi nous pûmes apercevoir, à travers le vasistas de la porte un certain nombre d'ecclésiastiques que l'on amenait au dépôt. Il me sembla qu'ils devaient être du séminaire de Saint-Sulpice. A en juger par l'aspect de leurs physionomies, rien ne peut vous donner une idée de leur étonnement de se trouver en un tel lieu. Je souhaitais vivement échanger au passage quelques paroles avec eux. Un jeune séminariste me regarda. Je lui fis signe de s'avancer jusqu'à moi, mais il éprouva comme un tressaillement, fit un mouvement brusque à gauche et continua son chemin. Les cellules du dépôt étant encombrées, on plaça tous ces ecclésiastiques ensemble dans une vaste salle qui termine le bâtiment. La persécution continue. Ce même jour, j'appris, par une voie indirecte, que M. Blondeau, curé de N.-D. de Plaisance, avait une cellule non loin de la nôtre. Enfin, le soir de ce même jour, l'écho du canon se fit entendre avec une grande intensité. Nous ne pûmes prendre notre repos qu'à une heure avancée de la nuit.

Après un certain nombre de jours de détention, quelles impressions faisait sur vous cette captivité ?

Ces impressions, bien tranchées, étaient de deux sortes. Les unes, constantes, vives, étaient les impressions religieuses ou mouvements de la grâce. Elles contenaient, tempéraient d'une manière prodigieuse les autres, c'est-à-dire les sensations humaines. Je me rendais parfaitement compte du rôle bienfaisant et salutaire des premières. Aussi plaignais-je sincèrement chaque jour les pauvres détenus qui ne ressentent aucunement les influences de la foi et de la grâce. Une ombre de couleur politique a servi de prétexte à notre arrestation. Mais, après les actes officiels de la Commune, qui oserait mettre en doute que la guerre ne soit implicitement déclarée à Dieu et à son Église ? N'est-ce pas comme ministres de cette Église que l'on nous a écroués ici ? C'est donc bien *in odium fidei.*

Étrangers à cette ville, en dehors de la politique, n'ayant violé aucune loi civile du pays, pas plus qu'aucun décret du pouvoir de Paris, notre seul crime était l'habit que nous portons. La conviction que nous confessions bien réellement ici la foi de J.-C., que nous allions souffrir pour la cause catholique, causait à mon âme une joie, une satisfaction, un courage surtout, inexprimables. Le sacrifice de ma vie, si j'ose employer ce mot, fut l'affaire de quelques minutes. On serait venu m'annoncer que j'allais être passé par les armes, mon cœur n'aurait pas fait une pulsation de plus. Je puis même vous assurer que j'en aurais, au contraire, éprouvé une véritable satisfaction. La vie est si misérable, si remplie de déceptions ! L'homme est si fragile qu'il ne peut répondre de lui une minute ! Et puis, ma carrière ne touche-t-elle pas à son terme ? que sont quelques jours de plus sur cette terre d'exil ? Voilà pour le point de vue religieux. Quant au côté purement social, n'est-il pas bien glorieux de tomber, innocent, sous les coups de petits tyrans, lorsque l'on représente, par son caractère et ses opinions, un principe d'ordre et d'honnêteté ? Voilà les dispositions que la foi et la prière mettaient en mon cœur.

Dès notre entrée au dépôt, un employé vient, chaque jour, prendre nos noms. Que signifie cela ? N'est-ce pas un signe de l'anarchie qui doit régner ici depuis la Commune ? On voit qu'une partie du personnel a été renouvelée. Cela ne pouvait manquer. La Commune veut avoir ici ses hommes de confiance. Elle fait ses choix, de préférence, parmi les membres dévoués de la garde nationale. Quelques-uns ont spécialement attiré mon attention. Vraiment ils ont une figure de démocrates prêtrophobes. Elle porte si visiblement l'expression de la haine contre nous que je reconnaîtrai tout de suite ces figures partout où je les rencontrerai.

TRANSFERT A MAZAS

Le jeudi, 13 avril, un peu après midi, je remarquai, à ma grande surprise, qu'on avait fait sortir, dans le large corridor du bâtiment, un bon nombre d'ecclésiastiques. Je cherchai à surprendre sur leur figure un signe, un regard, qui pût me faire conjecturer leur situation. Naturellement, la première pensée qui me vint fut celle de leur élargissement. Mais leur tenue incertaine me la fit aussitôt rejeter. On lisait trop visiblement, sur la figure de tous, les symptômes de prisonniers indécis qui cherchent eux-mêmes à deviner ce que l'on va faire d'eux. « Sans doute, « disions-nous, on va les conduire à Mazas. » Pendant que nous faisons ensemble ces réflexions, la porte de notre cellule fut ouverte avec précipitation. On nous priait de sortir, mais sans aucune explication. N'ayant aucun objet à emporter, nous fûmes aussitôt réunis à nos collègues.

Effectivement, on allait nous transporter tous à Mazas. Nous formions un groupe d'environ 25 ecclésiastiques, tous en costume, hormis trois ou quatre. Deux vicaires généraux, MM. Surat et Bayle, le secrétaire de l'archevêché, M. le curé de la Madeleine, M. le curé de Plaisance, quelques autres curés de la ville, des vicaires, le P. Olivain et deux de ses collègues, un aumônier de l'Œuvre des Patronages, M. Planchat (1), sept ou huit séminaristes de Saint-Sulpice, et nous deux formions la réunion dont je parle. M. Lagarde avait demandé et obtenu l'autorisation d'accompagner Mgr Darboy le jour de son arrestation. Deux directeurs de Saint-Sulpice, MM. Icard et Hogan, avaient été arrêtés. M. Icard fut conduit à la prison de la Santé ; M. Hogan se faisait réclamer, dès le lendemain, par le consul d'Angleterre, et put obtenir de la sorte son élargissement. Fort heureusement, tout le séminaire de Saint-Sulpice avait été licencié quelques jours auparavant. Le bon curé de Plaisance avait été arrêté le lundi saint dans son église et au confessionnal. M. le curé de la Madeleine me

(1) M. Planchat s'était livré pour un de ses confrères, M. l'abbé de Broglie, qui n'était point présent ; sa respectable mère a obtenu de la Commune, après mille démarches, l'autorisation de voir son fils à Mazas. Sa joie d'avoir un *fils martyr* est inexprimable.

demanda des nouvelles de son cousin, Mgr Desflèches, évêque de Sinite. Il fut heureux d'apprendre que Sa Grandeur avait quitté la ville. Les Pères Jésuites de la rue des Postes se trouvaient déjà internés à Mazas. Sept d'entre eux avaient été mis hier en liberté. La cause de leur élargissement ne m'est pas connue. Quelques-uns des prêtres réunis dans ce couloir de la préfecture pensaient que notre transfert à Mazas rendait notre situation beaucoup plus critique. Tel était, entre autres, l'opinion de M. le curé de Notre-Dame de Plaisance. Mais l'excellent jeune homme de la Préfecture, avec lequel je causai, m'assurait que nous étions dans l'erreur. « Si l'on « vous transfère à Mazas, disait-il, n'en soyez « nullement inquiets. C'est une simple ques- « tion de déblaiement. La Préfecture est « encombrée; on veut y faire un peu de place. « Vous y serez même plus en sûreté, en cas « d'une émeute populaire, qui n'est point du « tout chose improbable par le temps qui « court. » Ces bonnes paroles nous firent plaisir. Un Père jésuite me dit alors tout bas à l'oreille : « Tout ceci est une tragédie qui « finira par une comédie. — Cela n'est pas « sûr, mon père. » Un bon prêtre du clergé de

Sainte-Marguerite, M. Kleinclaus, faisait tout haut cette réflexion : « Moi qui ai fait sortir « d'ici tant de détenus, et m'y trouver à mon « tour ! » Cependant les gardiens allaient, venaient, se croisaient les uns les autres, sans que je comprisse rien à ce manége. Après une bonne heure d'attente, on nous annonça que, les voitures n'étant pas prêtes, nous allions rentrer chacun dans nos cellules respectives.

Nous n'éprouvions, au fond, qu'une médiocre satisfaction à quitter ce lieu, ne sachant pas ce que serait notre nouvelle prison. « Qui « sait, disions nous, si notre transfert aura « lieu ? Il y a peut-être des dissensions au « sein de la Commune. Rien de plus naturel. « Peut-être est-il arrivé quelque nouvelle ! » Ces suppositions ne se trouvèrent point justes. Vers trois heures, on ouvrit nos cellules, et nous nous trouvâmes tous réunis au même endroit. Les fameuses voitures cellulaires étaient prêtes. On fit l'appel. Chacun répondit à son nom. Le P. Houillon et moi, nous fûmes du troisième convoi. Chaque convoi comprenait huit personnes. Le nôtre n'étant pas au complet, on fit sortir quelques autres prisonniers pour remplir le nombre voulu. Un colonel, M. Olive, en grand costume, nous suivit. C'était un homme d'une taille élevée, dans la cinquantaine, plein de vie et d'énergie. Il se fit attendre quelques minutes, ne voulant pas, paraît-il, sortir de sa cellule du dépôt de la Préfecture. Quand il arriva en notre présence, il était exaspéré. « Oui, di-« sait-il avec colère, mais jamais l'empire ne « m'a arrêté. » Me trouvant en tête de la ligne, je lui cédai le pas. J'éprouvais un grand désir de lui adresser quelques mots, mais son violent état d'exaspération me retint. Nous entrâmes dans une cour. De toutes parts, nous étions environnés de soldats l'arme au bras. En arrivant dans cette cour, le colonel, que je suivais de près, cria : « Vive « la République ! Je ne sais pas pourquoi on « m'arrête. Je n'ai rien fait. »

Ces paroles impressionnèrent vivement les soldats présents. Mais le silence fut complet. Le colonel entra dans la voiture, je le suivis immédiatement. Ma plus grande humiliation, durant toute cette captivité, fut de me voir dans cette voiture cellulaire. Chacun y est enfermé à clef, dans une case si étroite qu'on ne peut s'y mouvoir. L'air faisait défaut. On éprouvait aussitôt un malaise très-pénible. M. l'abbé Kleinclaus, de Sainte-Marguerite, d'une taille élevée et d'un grand embonpoint, s'y trouvait fort mal. Il suffoquait. « De « l'air ! de l'air ! » criait-on de tous côtés dans la voiture en frappant contre les portes. — « On va vous en donner. » On ne venait pas. « Je meurs ; de grâce, je vous en « supplie, » criait d'une voix entrecoupée de sanglots le bon prêtre de Sainte-Marguerite, « un peu d'air ou je meurs. — J'enfonce les « vasistas, si vous ne venez pas, » criaient d'autres détenus. — « On va, on va, » criait-on du dehors. Et l'on ne venait pas. Les larmes me coulèrent alors des yeux, je vous l'avoue, en voyant les souffrances de mes collègues et l'inhumanité de nos bourreaux. Ce fut une véritable ironie; on ne vint pas ; on nous laissa plus de vingt minutes dans ce douloureux état. Le tumulte était au comble dans la voiture. Enfin la voiture s'ébranla. Mais l'air désiré ne vint pas. Le trajet me parut long, bien long. Deux ou trois fois, la voiture fit halte pendant quelques minutes, je ne sais pourquoi.

On arriva à Mazas, cette fameuse prison dont j'avais aperçu tant de fois les murs d'enceinte, en faisant la reconduite à mes jeunes confrères qui prenaient le chemin de l'Orient. « Voilà, leur disais-je, une maison « dont un célèbre écrivain connaît fort bien la « règle. »

Grâce à notre régime bureaucratique, si perfectionné qu'il fonctionne sous la Commune aussi bien que sous les règnes déchus, ce fut ici une nouvelle série de formalités à n'en plus finir. Une double ligne de soldats armés bordait le pourtour de l'espace que nous avions à franchir pour arriver au vestibule de la maison. Cet appareil militaire, si affecté pour conduire dans une prison quelques prêtres sans armes, n'était-il pas, de la part de nos oppresseurs, une fanfaronnade burlesque à force d'être ridicule? On nous écrouait successivement dans des cellules d'attente, disposées *ad hoc* dans un large corridor. Au bout d'une heure, nous étions introduits dans d'autres cellules d'attente un peu plus loin. Dans ces dernières, une porte était ménagée au côté opposé à celui par lequel on y entre. Cette deuxième porte donne dans le principal bureau de la maison. Après une nouvelle station en ce lieu, cette porte s'ouvrit. Nous nous trouvions en face des trois employés du bureau. Le chef nous fit approcher, et nous demanda nos noms, prénoms, etc. Chacun des autres employés écrivait avec le premier nos réponses. La formalité remplie, je demandai à être placé dans une même cellule avec mon confrère de Chine, comme au dépôt. « Cela n'est pas « possible ; on ne l'a pas même accordé à « l'archevêque de Paris. » Un gardien me prit par le bras et me montra le couloir que j'avais à suivre.

A l'extrémité de ce couloir se trouve une rotonde assez spacieuse, élevée et terminée en forme de dôme. Elle ouvre de six ou huit côtés, dans son pourtour, une voie qui fait entrée dans autant de corps de bâtiment. Au centre du rond-point est un bureau d'inscription. Cela ne pouvait manquer. Ce bureau est entouré de colonnes en pierre, supportant un plafond. Sur le dessus est dressé un bel autel en marbre blanc, que l'on peut apercevoir depuis les couloirs de chaque aile de bâtiment dans toute leur hauteur. C'est la chapelle de la maison. Au-dessus des colonnes en pierre, dans le contour du cintre, je lus, avec une grande satisfaction, ce texte évangélique : « Gaudium erit in cœlo super uno peccatore pœnitentiam agente quam super nonaginta novem justis...» (S. Luc. XV.) Il est assez étonnant qu'après avoir supprimé ici le culte catholique, expulsé les aumôniers, on n'ait pas gratté cette inscription.

Dans ce bureau de la Rotonde, on remet à chacun un billet sur lequel on inscrit le nom du prisonnier nouveau venu. Un employé montre la direction que l'on doit suivre. Peu après, un autre vous arrête au passage et vous fait entrer dans une cellule qui renferme une baignoire. Je regardais avec calme, mais non sans un certain ébahissement. Cet employé, un carnet à la main, inscrit vos noms. — « Avez-vous quelque chose sur vous ? De l'argent ? Combien ? Un couteau, un rasoir, etc. ? » Il inscrit vos réponses. — « Voulez-vous prendre un bain ? » Sur votre refus, un signe de main vous indique le chemin à suivre.

Cette fois, c'est fini ! votre cellule est ouverte. Vous entrez. Le gardien vous fait remarquer votre ameublement et surtout la manière de monter votre lit. Ici c'est une sangle qui s'attache à des anneaux de fer fixés aux parois des murs d'une largeur à l'autre de la cellule. Ce lit est donc un véritable hamac. On ne permet pas de le tendre durant le jour. Ces renseignements donnés, l'employé se retire et ferme les verrous sur vous.

La première nuit à Mazas fut agitée. Durant le sommeil, je me voyais au milieu des combats. Je m'éveillais en sursaut. A chaque minute, je courais risque de rouler de mon hamac. Je me levai, détachai les sangles, et mon lit fut disposé à terre. Je continuai les jours suivants à dormir de la sorte.

L'ameublement est exactement le même à Mazas qu'à la préfecture de police. L'ordinaire des repas ne diffère non plus en rien. Seulement il faut convenir qu'à Mazas tout est moins propre, surtout la vaisselle en fer-blanc. On nous donna de la lumière le soir, mais c'était une faveur, disait-on. En effet, quelque temps après, on nous la supprima. Quant à mon installation, elle fut bientôt faite. *Omnia mecum porto.*

L'isolement, la solitude, sont plus complets à Mazas. Au dépôt, le guichet de notre porte demeurait ouvert une partie de la journée ; ici, il est constamment fermé. Au dépôt, les domestiques servent le repas ; à Mazas, on confie ce soin aux gardiens de service eux-mêmes. Toutes les mesures sont prises ici pour que le prisonnier ne reçoive aucune nouvelle, n'entende rien du dehors, ne voie personne, même du coin de l'œil, parmi ses codétenus. Les Chartreux, les Trappistes, ne jouissent assurément pas de ces avantages au même degré.

Je songeai au moyen d'occuper, avec fruit, la partie de mon temps qui ne serait pas consacrée à la prière. Mazas doit être pourvu d'une bibliothèque quelconque pour les détenus. Sur la réponse affirmative d'un gardien, j'adressai de suite une supplique au directeur pour obtenir l'autorisation de recevoir des ouvrages de cette bibliothèque. La demande fut octroyée sans délai. Dans l'après-midi, on me remettait deux volumes de la collection dite : *le Tour du monde*. La règle est de ne renvoyer au bibliothécaire le volume prêté que le troisième jour. Vous voyez qu'ici tout est rationné mieux que dans un couvent. Cette faveur, comme on la nomme à Mazas, fut un adoucissement à ma captivité. Elle remplaçait les causeries sur la Chine que je ne pouvais plus faire avec mon cher collègue. En consacrant mon temps à la prière et à la lecture, je n'avais pas besoin de graver sur les murs cette parole qu'un détenu y a laissée : « Que le temps est long à Mazas ! »

Le samedi 15, on nous accorda la faveur de la promenade. Je doute que cet exercice soit accordé indistinctement à tous les détenus. On est libre d'y renoncer, si cela p'aît. Dans les cours, on a ménagé des espaces en forme de losanges allongés, murés et entourés de solides grillages. Au centre est un belvédère où monte un des gardiens. Il a ainsi sous les yeux tous les détenus à la promenade, au nombre de vingt à la fois. L'exercice dure environ une heure (1).

Ce même samedi, le tir du canon a été presque continuel. Son écho, qui venait expirer sur les fenêtres de la cellule, assombrissait la journée. Il dura même presque toute la nuit. On ne nous avait pas donné de lumière ce soir-là. Je ne pouvais prendre mon repos, en entendant ces coups violents,

---

(1) On fait sortir les détenus les uns après les autres, de manière qu'ils ne se voient pas, soit en allant au préau, soit en revenant. Il est fort difficile de savoir qui l'on a pour voisin de cellule. Sur les murs du préau, les condamnés trouvent encore, malgré la surveillance active dont ils sont l'objet, le moyen d'écrire sur les murs une foule de mots de la *langue verte*.

qui se succédaient avec un si rapide fracas. Cette nuit fut douloureuse. Si les pointeurs des canons de la Commune sont habiles, je l'ignore ; mais quelle triste pensée que celle de concitoyens s'entr'égorgeant comme des bêtes féroces pour une simple opinion politique ! Oh ! que nous sommes loin de la vraie civilisation !

Aujourd'hui dimanche, 16 mai, le service ordinaire de Mazas a été en retard. Un prisonnier tire augure de tout. « La ville serait-« elle prise par l'armée de Versailles ? Cet « événement ne serait-il pas la cause du re-« tard apporté au service ? Notre délivrance « serait proche. » Le seul moyen de découvrir quelque chose est d'essayer de lire sur la figure des gardiens de service. J'essaye, j'y mets toute la prudence et l'ardeur voulues en faisant quelques questions. Impossible de découvrir aucun indice.

C'est ici le moment, mon cher ami, de vous faire une courte monographie de ces gardiens de Mazas.

Ces gardiens sont un type d'hommes à part, qu'on ne trouve que dans ces établissements. Il ne faut pas s'en étonner ; *leur vocation est exceptionnelle.* Deux choses me semblent contribuer à leur imprimer ce cachet unique et peut-être nécessaire à leur métier. On ne choisit que des hommes spéciaux ; voilà la matière première. La nature toute spéciale de leurs fonctions imprime à ces hommes spéciaux une forme particulière. Ils la subissent nécessairement, sans qu'il soit jamais venu à l'esprit d'aucun d'eux de s'en rendre compte probablement. Ils sont, du reste, j'en suis convaincu, la plupart de très-honnêtes gens, dans le sens ordinaire de ce mot. Ces hommes spéciaux sont d'anciens soldats, qui ont fait deux congés. Vous connaissez le type d'un soldat de cette catégorie : bon gré, mal gré, la discipline militaire en a fait un homme raide et borné ; s'il a porté les galons de caporal, il est assez prétentieux ; s'il a porté ceux de sergent, il l'est beaucoup. Un bon nombre ont été employés d'abord à la police. Ils se dégrossissent un peu ; leurs formes deviennent un peu moins raides. Mais cette espèce de polissage n'est qu'à la surface, et, s'il a l'avantage d'amollir un peu leur raideur d'ancien soldat, il a l'inconvénient d'augmenter leurs petites prétentions à une dose plus ou moins respectable. On sent cela à la manière avec laquelle quelques-uns vous traitent et à leurs exigences à l'égard du détenu. Ajoutez qu'on ne doit choisir que des hommes énergiques, des hommes à poigne, qui ont dû avoir fait leurs preuves *in utroque jure*. Voilà la matière première.

La nature des fonctions de gardien de Mazas donne la forme définitive à cette classe de citoyens. Je vous avoue que leur métier me semblait bien triste. Je les plaignais d'avoir embrassé cette carrière, surtout si le ciel n'est pas le but principal de leur obscur dévouement. Jugez-en vous-même. Leur vie se passe dans les couloirs d'une vaste maison. Tous les deux jours ils se relèvent pour la veille de nuit. Pour eux, pas de société, pas de famille, pas d'amis, pas de grand air, surtout pas de liberté. Une règle sévère, qui ne connaît pas et ne veut pas connaître l'indulgence, les presse à toute minute ; un œil actif de chef hargneux les surveille sans relâche. Ces pauvres gardiens ne sont-ils pas, au fond, de vrais prisonniers ? Le vocabulaire de mots ou de demi-mots qu'il leur est permis d'échanger avec un prisonnier est cliché. Vous le traceriez tout entier sur la paume de votre main. Chaque jour ce même cercle de mots, rien de plus. Quel aliment pour une intelligence ! Surveiller sans cesse, épier sans relâche, se défier toujours, avoir constamment l'oreille à l'écoute, quels charmes pour un cœur ! Voir ici ses semblables, réunis comme un troupeau de bêtes féroces, dangereuses à des degrés divers, parqués dans des loges isolées, auxquels on dérobe même la vue de leurs semblables, que l'on surveille jour et nuit de peur qu'ils ne brisent la grille qui les retient captifs, auxquels on jette, à travers un guichet, un peu de nourriture grossière, quelle vue récréative ! Quelle haute idée de l'humanité ! Le genre de leurs fonctions, à ces gardiens, en forme un type d'hommes exceptionnels. Aussi ne vous attendez pas à lire sur leur figure, à leur arracher un mot vague sur la situation, à entendre sur leurs lèvres une parole douce, une réponse complaisante. La grande préoccupation du gardien est de demeurer en deça de la règle. Dépasser la règle par complaisance serait un acte qui leur porterait sans doute préjudice. On ne peut attendre cela d'eux. Accorder à un prisonnier ce que la règle autorise serait presque une faveur pour ce dernier ; mais le gardien craint qu'on n'en abuse. Il refuse donc souvent. Il vous tient dans la plus grande ignorance des petits adoucissements que l'on pourrait se donner, si l'on savait que cela fût permis. Avant tout il ne veut pas se compromettre. Tel est le gardien de Mazas.

« Oui, me dites-vous, votre captivité à « Mazas m'a singulièrement contristé. Mais « je préférais de beaucoup vous savoir là que « dans une prison de Pékin ou de Nankin. « Vos cachots de Chine ont une réputation « faite ; votre amour pour le peuple que vous « évangélisez ne pourra jamais vous les faire « réhabiliter dans l'opinion publique. Avouez « franchement que Mazas ne peut en aucune « façon être mis en parallèle avec une prison « chinoise. Mais ce qui me rassurait le plus, « c'est que votre détention, toute regrettable « qu'elle était, nous laissait la certitude de « vous revoir bientôt. »

Vous nourrissiez l'espoir de me revoir bientôt ! Cela est fort bien, mon cher ami. Cela prouve d'abord la sincérité de votre affection, autant que la haute opinion que vous aviez des Français. Vous ne supposiez pas qu'après avoir vu passer devant moi, tant de fois en Chine, la gloire du martyre, la Commune de Paris pût se décider à nous l'accorder. Vous êtes dans une grave erreur. Vous ignoriez heureusement l'activité de nos démocrates de Paris. «Démolir, détruire, abattre, « déchirer, piller, confisquer, terrifier, dému- « seler le peuple, supprimer, effacer, haïr « bêtement, soupçonner follement, arrêter « capricieusement, décréter sottement, tuer « lestement, etc. », voilà le lexique de la Commune. Jugez où cela mène. Les Peaux-Rouges, à l'heure qu'il est, les surpassent de beaucoup en civilisation. A mes yeux, leurs crimes et leur folie sont un bonheur pour la France. Qui oserait désormais prononcer le nom de République ? La Commune de Paris a tué la chose et le nom.

Quant aux prisons chinoises, je vois que vous partagez en partie les préjugés qui ont cours en France sur le peuple chinois. On ne connaît encore ce peuple que par les relations de quelques touristes qui ont vu depuis leur navire les côtes maritimes de la Chine.

Vous n'avez sans doute pas oublié cette soirée que nous passâmes ensemble au superbe manoir de M. N......, personnage diplomatique du plus haut mérite. Ne souriez-vous pas encore en voyant mon embarras, mon air déconcerté, en présence de cette dame, que l'on dit fort spirituelle, et qui, mollement étendue sur un sofa, me demandait gravement : « Les dames chinoises portent-elles la crinoline ? » A la vue de mon signe négatif, la figure de cette dame ne sembla-t-elle pas dire : « Pauvres chinoises ! qu'elles « sont à plaindre ! » Un monsieur qui portait une rosette de huit ou dix couleurs, artistement mélangées, m'abordant ensuite : « Les Chinois ont-ils des chemins de fer ? — Pas encore. — Peuple barbare ! Ont-ils des machines à vapeur ? Connaissent-ils le télégraphe ? — Non plus. — Peuple arriéré ! » Et l'on nous tournait le dos. Tout était dit. Un tel peuple ne méritait pas que l'on s'occupât de lui. Un autre personnage, très-gracieux, vint ensuite nous faire son petit questionnaire, qui roule invariablement sur le monde des salons. C'est à ce point que je ne serais nullement surpris d'apprendre un jour qu'il se vend tout imprimé à la librairie Hachette :

« Est-il vrai que les Chinois mangent les nids d'hirondelle ? — Y a-t-il une administration dans ce pays-là ? Y a-t-il des lois ? Le blé vient-il en Chine ? »

Mais pardon ! Je suis loin de Mazas. Pas autant que vous le supposez peut-être.

Je voulais dire que nous autres, Français,

sommes un peuple très-exclusif. Tout ce qui ne ressemble pas à nos usages, tout ce qui n'est pas conforme à nos idées, nous le trouvons étrange, et, disons le mot, ridicule. En cela même, nous ne faisons pas preuve de goût. Un Mazas chinois ne peut, en aucune façon, ressembler à un Mazas français. On ne pense pas, on ne juge pas à Pékin comme on pense, comme on juge à Paris. La législation chinoise n'est pas et ne doit pas être non plus semblable à la nôtre. La pénalité d'un peuple ne doit-elle pas être appropriée au génie, aux mœurs, aux idées de droit qui ont cours chez ce même peuple ? Que la Chine embrasse le christianisme, sa législation sera nécessairement modifiée en une foule de points. Là on pense encore, et non sans de bonnes raisons, que les châtiments doivent être graves et variés comme les crimes le sont eux-mêmes. Cette notion de justice ne repose-t-elle pas sur la loi naturelle ? Au reste, nos prisons de Chine n'ont été décrites que par des Européens qui avaient tout intérêt à les peindre sous les couleurs les plus sombres, et qui ont tout jugé à un point de vue exclusivement européen.

Voici les principaux endroits par où Mazas

l'emporte sur une prison chinoise : « magnifique bâtiment à étages, service à la minute, système cellulaire, exercice de promenade, éclairage, chauffage au gaz. » Je passe différentes petites choses sous silence, mais je le fais à dessein. Notre vie enropéenne est pleine de besoins factices. Toute l'activité de notre intelligence semble tournée aux moyens de rendre plus nombreux ces besoins factices. Les peuples de l'Asie sont infiniment plus heureux que nous, parce qu'ils ne sont pas surchargés de tant de besoins. Leurs goûts sont plus simples, et leur vie domestique y est moins agitée que chez nous. Ce qui est une privation sensible pour un détenu de Mazas ne le sera peut-être pas du tout pour un prisonnier chinois. C'est là le motif pour lequel j'ai passé sous silence diverses petites commodités et douceurs accordées au prisonnier français.

Mais aussi, mon cher ami, dans votre superbe Mazas, quelles compensations ! Que de tracasseries basses, mesquines ! Quelle guerre à coups d'épingles ! A la fin de la journée, vous en avez le système nerveux agacé, irrité ! Vous êtes abattu et découragé ! On a forgé ici tout un système de molestations. Soient quelques exemples. Le hasard, une maladresse peut-être d'un gardien, si vous le voulez, vous laisse la possibilité d'entrevoir un ami co-détenu ; pouvez-vous ne pas lui faire de loin un simple sourire ? Aucune parole n'a été échangée. Aussitôt une rude et solennelle objurgation vient vous faire froncer les sourcils. Vous recevez de la ville des provisions en nature et en espèces pour vous et pour un ami. Impossible de rien faire parvenir à cet ami, qui est là, à quatre pas, en face même de votre cellule. « La règle s'y oppose », vous dit-on. — « Portez « au directeur. » — « Je n'ose. » En disant ce mot, le gardien jette un regard furtif au fond du couloir, comme pour voir si personne ne l'observe durant ce court dialogue. « Voilà une lettre pour la poste. » — « Ah ! « ce n'est pas l'heure. » — « Quelle est « l'heure ? » — « Huit heures. » Vous reprenez votre lettre et attendez au lendemain à huit heures. Le jour suivant, voici un autre gardien. « Une lettre, s'il vous plaît. » — « Ah ! l'heure est passée. » — « Quelle « est l'heure ? » — « Six heures. » C'est justement alors que la veille vous remettiez votre lettre. Vous attendez quelquefois deux et même trois jours avant d'avoir pu livrer votre lettre. Je vous citerais mille traits de ce genre. On vous objecte sans cesse la règle. Où est cette règle ? Si elle existe, pourquoi le directeur de Mazas n'en placera-t-il pas un exemplaire dans chaque cellule. Est-ce une mesure calculée ? Je serais porté à le croire. Pour définir ce système de molestations incessantes, infligées au prisonnier, je dirai que c'est « la persécution la mieux organisée que l'on connaisse ». Elle est étudiée avec un soin parfait ; elle est savante avec un art raffiné ; elle est appliquée avec une froide politesse ; en un mot, elle va droit au but. C'est le supplice lent du détenu ; elle l'agace, l'irrite, le décourage, lui fait maudire justement ce système.

Vous avez sans doute lu le *Mémorial de Sainte-Hélène*, par Lascases. A la fin de cette lecture, aviez-vous le moindre doute sur la véritable cause de la mort prématurée du célèbre captif ? Le geôlier anglais, sir Hudson Lowe, n'a-t-il pas attaché à son nom une honte éternelle pour cette guerre sourde, à coups d'épingle, infligée à chaque moment avec une morne et blessante politesse au célèbre captif ?

Eh bien, en Chine, ce système préconçu et organisé de molestations, de taquineries mesquines, n'est pas encore inventé. Un parent, un ami, peut visiter un prisonnier et lui fournir ce dont il a besoin. Un de nos martyrs du Kouy-Tcheoù, Laurent Hoû, aussi distingué par la noblesse de son caractère que par son courage héroïque, a été détenu pendant vingt-six-ans dans les prisons de la ville de Kouy-yâng-foù. Il est mort dans son cachot. Chaque jour, une famille néophyte lui apportait sa nourriture et pourvoyait librement à ses besoins. Un généreux chrétien du Su-tchuen a porté pendant près de soixante ans la cangue à une des portes de la ville de Souy-foù ; il est mort sous son instrument de supplice. Tous les jours, les fidèles de la ville lui apportaient sa subsistance. Il est presque inouï qu'un prisonnier chinois soit mis au secret. Les gardiens des prisons chinoises n'ont heureusement pas encore inventé le procédé de se mettre à cheval sur une règle qui n'existe pas ou qui est parfaitement muette dans le cas en question. Laissez-moi vous dire qu'ils savent surtout fort bien discerner entre prisonniers et prisonniers. Je fais ici appel à votre bon sens.

N'est-il pas profondément honteux pour cette brillante civilisation, dont nous sommes si fiers, qu'un Archevêque de Paris, par exemple, soit pour une cause politique enlevé de son palais, écroué dans une prison, traité ici, comme le plus « insigne voyou de la capitale « ou le plus scélérat forban de la société ? » Qu'attendre, en somme, d'un peuple comme celui de Paris ? Quoi ! Pas un cri de douleur ! Pas une poitrine indignée ! Pas un élan de protestation ! La nouvelle de l'enlèvement de l'archevêque de Paris, d'un nombreux clergé, séculier et régulier, se répand en ville. Les uns s'applaudissent, — ils ont commis le forfait. Les autres applaudissent, — ils sont amis et partisans de la Commune. Ceux-ci apprennent ce crime avec indifférence, — la cause catholique ne les touche pas. Ceux-là sont tristes et affligés, mais ils n'osent le laisser voir. N'est-ce pas là le signe d'un peuple *abruti*, arrivé juste au point voulu pour courber la tête sous le joug des vulgaires dictateurs d'une Commune de Paris ? Y a-t-il encore de l'honneur dans cette ville ? Cent fois non ! Où sont les catholiques ? Je ne parle pas de ceux qui se disent catholiques sans savoir que *noblesse oblige*. Où sont les catholiques, où sont les hommes d'une primitive Église, les hommes d'une foi forte, prêts à monter sur un échafaud pour soutenir leur conviction religieuse? Ah! s'il y en avait, l'archevêque de Paris, en quelques heures, eût été mis en liberté, et les obscurs tribuns de la Commune seraient rentrés sous terre, en attendant mieux. Que l'histoire impartiale consigne ces faits lamentables ; qu'elle raconte l'abrutissement d'un peuple, de toute une immense cité ; que ces lignes tombent un jour sous les yeux des néophytes de n'importe quel pays de l'Orient ; ne s'écrieront-ils pas avec une douloureuse surprise : « Qui « aurait jamais cru les Français sur la ligne « des peuples sauvages ? »

Non, non, mon cher ami, faites-moi grâce de l'éloge de tous vos Mazas français.

Le jeudi 20 avril, sur le soir, la porte de ma cellule s'ouvre. On introduit un citoyen portant la barbe ; sa taille est médiocre ; il est jeune, mais assez posé. — « Je viens voir « comment vous vous trouvez ici. Avez-vous « besoin de quelque chose ? — Je dois l'hon- « neur de cette visite au directeur de l'éta- » blissement ? — Non pas. — Monsieur est « le docteur de la maison ? — Non. — En tout

« cas, je serais pourtant charmé de savoir à « qui j'ai l'honneur de parler ? » Mon insistance, en face de ce personnage inconnu, lui causait un visible embarras. Je ne voulais pas engager un dialogue avant de savoir quel était mon interlocuteur. Il finit par me dire, mais sans déclarer son nom, qu'il était *délégué de la Commune*. Délégué de quoi et pourquoi, je n'en sais rien. J'en ai fait la remarque ; les membres de la Commune prennent tous le titre de délégués. Qui leur donne cette délégation ? La Commune, laquelle se délègue elle-même dans chacun de ses membres. Ceux-ci évitent avec soin de décliner leurs noms propres. Est-ce modestie ? Est-ce crainte de représailles ? Vous penserez ce qu'il vous plaira. Maîtresse de Paris, la Commune n'a plus signé ses décrets et ses proclamations que par ce mot vague : *la Commune*. Je soupçonne un calcul démocratique sous cette formule.

« Oui, citoyen, repris-je, j'ai besoin de quelque chose. — De quoi ? — De la justice ! J'ai besoin de savoir pourquoi je suis dans cette cellule de malfaiteurs. — Comment avez-vous été arrêté ? Je racontai, en peu de mots, la manière sauvage avec laquelle mon confrère et moi avions été arrêtés sur une place publique. — Ce délégué de la Commune fut embarrassé, je dois en convenir, il essaya, mais timidement, quelques paroles pour justifier *ces pauvres gardes nationaux*. Les temps sont bien durs, ils ont beaucoup soufferts, il faut bien leur pardonner quelque chose. » — Puis, se ravisant, le délégué de la Commune reprit tout à coup sur un ton moins compatissant : « Au reste, citoyen, je « crois que vous vaquez à des travaux scien« tifiques (1). Vous êtes parfaitement ici pour

(1) Ces paroles me semblaient alors inexplicables. Après ma délivrance miraculeuse de la Roquette, j'ai su que la *Société Asiatique*, dont je suis membre, avait fait une démarche pressante auprès de la Commune pour obtenir mon élargissement. Le Président de cette Société Savante disait, entre autres choses bienveillantes, que *la maison-mère des missions étrangères de la rue du Bac avait été regardée dans la première révolution, comme une institution si utile à la civilisation en Orient, qu'elle avait été exemptée des mesures prises contre les autres ordres religieux*. J'exprime ici ma reconnaissance à l'honorable Président de la *Société Asiatique* et aux membres du Conseil qui ont signé cette adresse, mais surtout à mon savant ami et compatriote, M. G. Pauthier, qui a été le promoteur de l'adresse.

« cela. Je sais ce que c'est, car j'y ai passé « aussi. Je m'en suis bien trouvé. Vous ren- « dez ici un grand service à l'humanité. Depuis « que les messieurs du clergé sont ici, les « choses vont beaucoup mieux. Ainsi, Ci- « toyen, si vous avez l'esprit de vos ordres, « vous devez vous féliciter d'être à Mazas. » J'écoutais la bouche béante. « Service à l'hu- « manité, monsieur le délégué. — Oh ! oui ! « il se passait, voyez-vous, des choses atroces, « qui ont heureusement déjà cessé. »

Je compris qu'il y avait dans ces paroles une allusion au gouvernement de Versailles. Je voulus lui présenter une lettre qu'un consul français en Chine, actuellement en congé à Paris, m'avait adressée le jour même. « Un « consul de Chine ! N'êtes-vous pas Fran- « çais ? — Oui. — Un consul de Chine n'est » rien pour nous. Voyez-vous, à présent, c'est « l'égalité. Voilà un monsieur, poursuivit-il « en touchant un des gardiens qui était auprès « de lui, qui est honnête homme ; il est autant « à nos yeux qu'un consul de Chine. C'est « l'égalité aujourd'hui. » Je n'avais plus qu'à garder le silence. C'est ce que je fis aussitôt. « Soyez tranquille, monsieur, fit le délégué « en se retirant, vous rendez bien service à « l'humanité. »

Cette petite harangue humanitaire du délégué a été probablement colportée de cellule en cellule à tous les ecclesiastiques détenus à Mazas. Je ne sais s'ils en ont été aussi touchés que moi-même. Voici ce qui m'a paru ressortir avec évidence de l'entretien avec ce délégué. Le gouvernement de Versailles aurait fusillé impitoyablement tous les prisonniers de l'armée de la Commune (1). Celle-ci avait eu la pensée de saisir des otages et de les retenir en son pouvoir. Dans cette vue, on aurait songé surtout à s'emparer du clergé. On a donc saisi tout ce qu'il a été possible de saisir. Notre sort dépend désormais de l'attitude de Versailles. Nous demeurerons prisonniers jusqu'à la chute ou au triomphe définitif de la Commune. Notre captivité ne touche pas à son terme. La Commune, maîtresse de la ville, ne doit pas être d'humeur à déposer facilement les armes. « Cette fois, « disait naguère Rochefort, nous avons la « République, on ne nous l'escamotera plus. »

La Commune, je le présume, veut attirer à elle tous les éléments démocratiques de la

---

(1) Il est superflu de dire que je n'en croyais rien.

province pour faire de Paris sa forteresse et son rempart. Il est bien probable que les loges maçonniques de l'Europe, dont le rêve est la *République universelle de tous les peuples*, doivent députer quelques-uns de leurs adeptes à Paris pour prêter main-forte à la Commune (1). Il ne faut pas se faire illusion. Les jeunes démocrates auxquels le gouvernement du 4 septembre, que l'on ne devrait plus nommer que le gouvernement de la ruine nationale, a si bien préparé les voies, doivent se regarder comme à la veille de voir leurs aspirations réalisées. La marche accélérée des événements a même dû dépasser de beaucoup leurs espérances, qu'ils devaient croire moins prochainement réalisables. L'ardeur, l'audace, le patriotisme entendu à leur façon, l'énergie, l'activité, tout sera mis au service de leur cause avec une persévérance inouïe.

Si la Commune garde quelque temps sa

---

(1) Ces pressentiments étaient fondés. Chacun sait que le lord-maire de Londres a annoncé au gouvernement de Versailles que 6,500 voyous de Londres accouraient au secours de la Commune. Les carbonari d'Italie ont fourni un nombreux contingent à la Commune.

position, que d'évènements peuvent surgir en France ! La scission entre les partis politiques, qui divisent si fatalement notre pays, peut s'accentuer davantage. La France se trouvera alors comme flottante dans une sorte d'anarchie. Qui sait si quelques provinces ne tenteront pas de se constituer en État privé ? Le temps de la féodalité reparaîtrait. Quel malheur pour la France ! Son territoire est amoindri. Un ennemi fort et puissant, enivré de ses victoires, en occupe encore une partie. Qu'il lui serait facile maintenant d'achever la conquête du reste, s'il le voulait ! On songe ici involontairement à la malheureuse Pologne. On ne peut en disconvenir, notre situation offre des points d'analogie nombreux et frappants avec celle de la Pologne : « Division de « plus en plus accentuée en politique, tout « respect pour l'autorité presque anéanti, les « liens de l'autorité paternelle très-affaiblis, « l'avilissement des caractères par les jouis- « sances physiques, une armée régulière en « pleine décomposition, une morale indé- « pendante se substituant partout à la place « de la religion catholique, se dissolvant chez « nous sous l'action des mille principes délé- « tères qui ont envahi la société moderne ;

« la mollesse et l'apathie dans la classe encore « religieuse et croyante ; le clergé, dans sa « généralité, bien au-dessous de sa mission « en ce temps exceptionnel, où la société « civile se transforme ; aucun nom révéré qui « inspire pleine confiance et auquel on puisse, « comme à un palladium providentiel, se ral- « lier ; la France endettée, ruinée pour dix « ans, » voilà le bilan sommaire de notre situation présente.

Quelle ressemblance avec la Pologne ! La France est jalousée. On ne lui pardonne pas sa supériorité. La Prusse se croit appelée à jouer désormais un rôle dominant et veut le remplir ; la Russie nous déteste ; l'Autriche est peut-être heureuse de notre faiblesse actuelle et tremble d'ailleurs pour elle-même ; l'Angleterre a laissé faire ; l'Italie veut jouir en paix de nos dons et ne le pourra qu'à la condition de l'impuissance de la France. Pour accomplir leurs vastes desseins, la Russie et la Prusse ont besoin que la France n'exerce plus un rôle souverain dans les affaires de l'Europe.

La France seule mettrait un frein à leurs gigantesques projets. La Russie s'avance sourdement, mais à grands pas, dans toutes les contrées du nord de l'Asie ; elle envahit toutes les contrées du nord de la Chine ; elle convoite et cerne la Corée avec le Japon. Il lui faut surtout Constantinople. Son ambition est si ardente, qu'à peine la France a-t-elle été humiliée, elle n'a pas eu la force de dissimuler ses projets.

La Prusse veut dominer l'Europe, devenir l'arbitre de ses destinées, une puissance maritime et coloniale de premier ordre.

Tel est le rêve incontestable de ces deux puissances, que nous seuls gênons et retardons dans leurs desseins.

Si la France échappe au sort de la Pologne, elle deviendra, par suite de nos fatales divisions intestines et des calculs habiles des diplomates russo-allemands, une puissance insignifiante, avec laquelle on n'aura plus besoin de compter. Sans doute, l'homme s'agite et Dieu le mène. La Providence peut couper en une minute le fil des projets de ceux qui rêvent notre humiliation. Sans doute, la France, dans le domaine de la civilisation et de la religion, a fait de grandes choses. Elle a été comme le soldat de Dieu en Europe.

Mais, en voyant sa léthargie profonde sous

les coups qui viennent de la conduire aux bords de la ruine, n'est-on pas autorisé à croire que sa mission est finie, que Dieu veut la transférer à un autre peuple.

Il me reste toujours la conviction que, si je pouvais comparaître devant un juge d'instruction, la brutalité qui m'a fait consigner ici serait promptement réparée par un acte de justice. La seule difficulté gît dans le moyen d'aborder un des membres de la Commune.

J'ai songé, mon cher ami, à écrire, dans ce but, au docteur Charles F..., qui est de nos montagnes du Doubs. Il a fait ses études au collége de Pontarlier. Il est notre contemporain d'âge, et j'ai bien des raisons de croire que vous l'avez connu.

Je l'ai retrouvé un jour à Paris, par le plus curieux des hasards. Cet excellent docteur m'a paru rempli d'intelligence, d'énergie et de sentiments généreux. Il consacre, chaque soir, deux ou trois heures à donner des consultations gratuites aux malades de la classe pauvre.

Je lui ai mandé ma captivité à Mazas, persuadé que ma lettre ne le trouverait pas indifférent. En effet, aujourd'hui, 21 avril, il a eu la bonté de me rendre visite, de s'enquérir de la manière dont j'étais traité ici et de me promettre son concours. Nous avons pu causer dans le parloir *de faveur*, comme on dit à Mazas. La visite de ce bon docteur m'a causé d'autant plus de plaisir qu'elle était la première que l'on me rendait depuis ma détention. Il pensait que, d'ailleurs, nous ne tarderions pas à être mis en liberté, attendu que la position était tendue, qu'un dénoûment quelconque était imminent. Malgré la conformité de nos idées sur bien des points, il y en a deux sur lesquels nos opinions diffèrent essentiellement.

La première est la proximité du dénoûment de la crise douloureuse que nous traversons, après la fatale guerre qui se termine à peine. Sans doute la situation en France, à Paris surtout, est bien tendue ; mais j'en crois le dénoûment plus éloigné qu'on ne pense. La démocratie a fait, sous l'empire, des progrès incalculables dans les grandes villes. Elle peut tenir en échec assez longtemps les forces qu'on lui opposera. L'autre opinion, qui me divise avec le bon docteur Charles F..., est que le mouvement inauguré par la Commune de Paris trouverait une sympathie croissante dans le reste de la France. En dehors des démocrates de la veille, il y aura sans doute, comme dans toutes nos commotions politiques, ceux du lendemain.

Malgré ces nouvelles adhésions, on peut affirmer que les partisans de la Commune ne forment encore qu'une minorité bien faible dans le pays. Comment la France accepterait-elle la loi d'une fraction aussi minime du suffrage universel ? Dans l'immense majorité de nos campagnes, le seul nom de république n'est-il pas sinistre ? Celui de l'ancienne Commune de Paris ne l'est-il pas bien davantage ?

Au 31 octobre dernier, j'ai vu, dans la soirée, des dames de Paris fondre en larmes, quand le bruit se répandit que la Commune venait d'être installée à l'Hôtel de Ville. La nouvelle Commune ne semble-t-elle pas avoir pris à tâche d'inspirer le même éloignement pour elle que sa sœur aînée ? Sous l'empire, nos communeux actuels ne mettaient-ils pas une persévérance désespérante à rappeler le *coup d'Etat du 2 décembre ?* La moindre répression de la part de l'empire n'excitait-elle point leurs clameurs ? Ne criait-on pas bien haut à la tyrannie ? N'étions-nous pas un peuple esclave ?

Eh bien, voyez l'inconséquence de l'homme ! A peine au pouvoir, ces fiers démocrates s'empressent de montrer comment ils entendent briser les fers de notre esclavage. En quinze jours, la Commune de Paris a rendu plus de «décrets attentatoires» aux libertés publiques et privées qu'on n'en avait rendu depuis plus d'un siècle. Je m'imagine qu'une fois au pouvoir les membres de la Commune ont voulu se donner la jouissance de montrer qu'ils pouvaient quelque chose. En tout cas, il est certain qu'ils emploient le moyen le plus direct de ruiner leur œuvre et de conduire la France à une nouvelle dictature militaire.

Voyez leurs œuvres et jugez : Destruction brutale de la Croix qui surmonte le dôme du Panthéon, séparation « de l'Église et de « l'État, suppression du budget des cultes, « suppression de tout exercice de culte public « dans les prisons et les casernes militaires, « suppression d'une foule de journaux même « républicains, emprisonnement successif des « membres de la Commune, fermeture des « églises transformées en magasins ou lieux « de clubs, confiscations et dépouillement « des maisons religieuses, arrestation de l'ar-

« chevêque de Paris, de ses grands vicaires, « d'un nombreux clergé et d'une foule de reli-« gieux, arrestation des *suspects*, réquisitions « en nature chez les particuliers, prorogation « indéfinie du payement des loyers, séquestre « des biens des ministres de Versailles, loi « sauvage sur les ôtages, rendue le 7 avril, « etc., etc. » Cela ne promet-il pas pour l'avenir? Au lieu de la fameuse devise gravée sur les monnaies et sur les édifices publics, ne devaient-ils pas, véridiques et sincères, faire mettre celle-ci : *Proscriptions, Persécutions, Confiscations*? En résumé, mon cher ami, mon entrevue avec le docteur F... me montre qu'il faut prendre mon cœur à deux mains et attendre patiemment ici la fin de ce terrible drame politique.

Ce samedi, 22 avril, je reçois pour la première fois, dans ma cellule, la visite du docteur de la maison. Il est accompagné de deux infirmiers et de quelques gardiens. La démarche et la parole de ce docteur sont très-graves. J'aperçois la rosette à sa boutonnière. Après m'avoir demandé si je n'avais pas besoin de son ministère, il me présente, malgré ma réponse négative, une lettre qu'un docteur de la ville lui aurait écrite à mon sujet. Je songeai de suite à M. Revillout. Mais en voyant la carte du docteur Tur..... « Il y a sans doute un quiproquo. Je ne connais point ce docteur. — N'êtes-vous pas de la maison de Picpus ? — Non. — Oh ! alors je me trompe. » Puis, se ravisant : « Vous êtes M. Perny ? — Oui. — J'ai connu un monsieur de votre nom. Il avait un fils qui a voulu quitter le commerce pour..... entrer dans les prêtres (1). » Je commençais bien à ressentir des douleurs à la jambe. Mais l'espoir de sortir d'ici d'un jour à l'autre me fit garder le silence.

Cet après-midi, j'ai eu la consolation d'avoir indirectement des nouvelles de notre maison.

Urbain serait venu, paraît-il, à Mazas. Je ne sais s'il a demandé à me voir. Ce n'est que par une réponse du gardien que j'ai su qu'il était venu à la maison. J'ai reçu un peu de linge, quelques provisions de bouche, un

---

(1) Chacun sait à présent que M. le docteur de Beauvais a été admirable de dévouement pour les otages ecclésiastiques. Il a rendu *de grands services* à Mgr Darboy, à M. Deguerry, à M. Bonjean, etc. Sa conduite mérite d'être signalée à la reconnaissance publique.

peu d'argent, mais surtout un bréviaire et un *Novum Testamentum*. La réception de ces deux livres me cause une grande satisfaction. Tout semble venir de la procure même du séminaire. C'est un bon signe. C'est la deuxième fois que l'on me fait un envoi. J'espère que ces relations ne seront pas empêchées dans la suite.

Toute la journée le canon n'a pas cessé de gronder. Que faut-il en conclure ? L'armée de Versailles approche-t-elle ? Un nouveau gardien, pris dans les rangs de la garde nationale, me fait de lui-même cette réflexion en entrant dans le préau de la promenade : « Ah ! cela gronde aujourd'hui. On veut en « finir. » Quel est le sens de ces paroles ? La Commune a-t-elle le dessus ? Ce ne serait qu'en ville toutefois. Elle peut défendre quelque temps les abords des remparts. Je suppose qu'on vise surtout du côté de Versailles à prendre Paris par la famine. Ce sera long. Si un assaut a été véritablement tenté par l'armée de Versailles et qu'elle ait été repoussée, ce serait un signe que notre armée n'a pas encore repris son antique valeur. Que fait donc le mont-Valérien ? Il lui serait si facile de foudroyer la ville ! La Commune aurait-elle à présent la possession de cette forteresse? En tout cas, on ne voit pas encore dans l'air l'aurore du jour de la délivrance.

L'ardeur de la Commune à faire des arrestations semble un peu ralentie. Le docteur F..... me disait l'autre jour que l'on avait déjà mis en liberté beaucoup de monde. Ce matin, j'ai vu relâcher quelques détenus de ce corridor. Ce sont des « civils » ; l'un portait le pantalon de garde national. Quelques heures après la mise en liberté d'un détenu, les domestiques viennent nettoyer et laver avec assez de soin la cellule abandonnée. A quelles conditions relâche-t-on ces prisonniers? Je ne puis le savoir. Leur cause marche plus vite que la nôtre. Cependant, m'a-t-on dit, la Commune de Paris se piquerait de ne pas faire de Mazas une boîte aux oubliettes, comme au temps de l'Empire.

Aujourd'hui, dimanche du bon Pasteur, je remarque entre neuf et dix heures, un groupe de personnes dans la cellule de M. Houillon. Le bruit de la voix sourde de ce cher confrère arrive faiblement à mes oreilles. Est-ce un interrogatoire qu'il subit ? J'attends. On ne vient pas chez moi. Dans l'après-midi, un gardien m'adresse, par le vasistas de la porte, une question. Je m'avance pour lui répondre. Je vois alors la cellule de M. Houillon tout fraîchement abandonnée.

Cette vue me cause une certaine impression. Je ne doute plus que ce cher confrère ne soit indisposé et qu'on ne l'ait conduit dans une infirmerie. La température continue à être froide, surtout dans nos cellules. C'est là sans doute ce qui aura augmenté le malaise habituel de M. Houillon. Tous les soirs je me sens pris à la gorge et les douleurs de mon hydarthrose se font de nouveau sentir. A la garde de Dieu !

Mardi, 25 avril. — Le calme des deux jours précédents, durant lesquels le canon n'a pas grondé, joint à la mise en liberté d'un certain nombre de détenus, portait à croire que peut-être on négociait avec Versailles. Une lueur d'espérance brillait déjà à mes yeux.

Mais, le lendemain, elle s'est évanouie. Vers neuf heures du matin, la canonnade a repris son cours dans une direction nouvelle. Le bruit est plus sourd et plus lointain. Le tir s'est poursuivi sans relâche toute la journée du jeudi et de la nuit suivante d'une manière très-intense.

Dans la soirée du jeudi 27, tout était fort calme, comme d'ordinaire, à cette heure, dans la maison. Tout à coup, un bruit véhément se fait entendre. Ce sont des cris de voix nombreuses et confuses, qui partent du rond-point. Les gardiens précipitent leur marche. Ils parlent très-haut et se répondent de même les uns aux autres. Mais le bruit de la rotonde est si fort que je ne puis saisir aucun sens des paroles de ces gardiens. Ils ouvrent avec rapidité les verroux des cellules de l'étage supérieur au nôtre. Est-ce une tentative d'évasion ? Est-ce un envahissement dans la prison par un flot antirévolutionnaire ? Une émeute aurait-elle éclaté en ville ? Tout ce tapage, à une telle heure, cause une certaine émotion même à l'âme la plus fortement trempée. J'écoute quelques instants au vasistas ; je me promène à pas accélérés dans la cellule ; je fortifie mes résolutions, en me tenant prêt à évacuer ce lieu sans une seconde de retard ; je retourne au vasistas. Après une mortelle heure d'inquiétude, je découvre la cause de cette grande agitation. C'est un nombreux, très-nombreux convoi de prisonniers que l'on interne ici à la fois. On les case dans les étages au-dessus de nous. Sont-ce des prisonniers de guerre? Cela paraît probable; en ce cas, notre cause n'y perdrait rien. La Commune veut des otages; elle en a déjà un grand nombre. Notre détention, à nous, membres du clergé, n'aurait plus autant sa raison d'être. Il est vrai que la Commune ne doit pas être fâchée de nous avoir un moment sous sa griffe.

Cette vie de prisonnier me fournit l'occasion d'établir un contraste entre les jours où le canon se tait et ceux où il se fait entendre. Si le canon se tait, si le silence est complet, l'âme du prisonnier est triste.

C'est comme le calme plat en mer. Le navire n'avance pas. Si le canon gronde, on éprouve une tristesse, mais une tristesse pleine d'espérance. On croit à une prochaine délivrance; car on ne doute pas qu'à moins d'un châtiment divin plus prolongé, la victoire n'appartienne, en dernier lieu, au bon droit et à la justice.

A l'occasion de la promenade de ce jour, je me suis trouvé placé de manière à entrevoir quelques-uns de nos co-prisonniers. Il y a peu de membres du clergé séculier de Paris. Les jésuites, les Picpusiens et d'autres sociétés religieuses, forment la partie cléricale la plus nombreuse des détenus. La classe civile m'a paru singulièrement mélangée. On remarque des prisonniers d'une tenue distinguée, des ouvriers en blouse, des bourgeois d'une condition ordinaire, des jeunes gens de dix-huit ou vingt ans, des soldats de divers régiments, des gardes nationaux, des douaniers, des gardiens même des prisons, quelques officiers, etc. N'est-ce pas là un signe du temps ?

Au retour de cette promenade, je me décide à tenter une démarche. J'écris au citoyen délégué de la justice pour demander à subir un interrogatoire. Au moment où l'on allait nous conduire à Mazas, plusieurs ecclésiastiques me dirent qu'ils avaient comparu devant un juge d'instruction très-convenable. Je n'attends pas, à dire vrai, un grand résultat de ma démarche. Ma lettre arrivera-t-elle seulement à son adresse ?

Voici le texte de cette lettre :

Citoyen délégué à la justice,

Arrêté, au milieu de la rue, par des gardes nationaux ivres, sans mandat, et sans être connu d'eux, uniquement parce que je n'avais pas sur moi mon passe-port, voilà plus d'un mois que je suis écroué dans une prison, sans qu'aucun juge d'instruction soit encore venu examiner ma cause. Étranger à la ville, je n'y suis que de passage, me disposant à repartir pour l'Orient. Je viens faire appel à votre justice pour que ma cause soit examinée et que l'on ne dise pas que, sous la Commune comme au temps des règnes déchus, « Mazas continue à être une boîte aux oubliettes. » Aucun soupçon politique ne peut peser sur moi. Je puis, au reste, parmi mes amis, donner la garantie d'hommes entièrement dévoués à la Commune de Paris. Ce mois de prévention porte un grand préjudice à mes affaires. En respectant la justice et l'égalité, la Commune de Paris s'honorera aux yeux de tous et gagnera des sympathies d'autant plus nombreuses.

Ce samedi soir, 29 avril, entre huit et neuf heures, une canonnade des plus vives s'est fait entendre. On aurait dit les armées aux prises, tant les coups de canons étaient rapprochés. Le feu a cessé tout à coup au bout d'une heure. Le silence a été complet tout le reste de la nuit.

Dimanche 30 avril. — Je commence, ce soir, le mois de Marie. Je ressens une douce confiance, qui console et fortifie le cœur.

Puissent les maux de notre malheureuse patrie finir durant ce mois, où l'on rendra tant de pieux hommages à l'auguste Vierge ! Ce soir, vers huit heures, la canonnade a recommencé absolument comme hier, vive, intense, acharnée. Le bruit est si fort qu'il est impossible de songer même à prendre du repos. Par moments, le théâtre de l'action semble s'éloigner un peu, puis il se rapproche, aussi soutenu et aussi nourri qu'au début. Que se passe-t-il ? Cette fois, l'affaire doit être sérieuse. Il est difficile que l'armée de Versailles ne soit pas près de Paris. Jamais, au plus fort du siége, le canon n'a grondé avec une telle force. Je reste levé toute la nuit, plongé dans une rêverie accablante. Si les armées sont aux prises, que de sang versé ! Cette pensée n'est-elle pas navrante.

Lundi 1er mai. — Tout est calme à l'aube du jour. J'ai dormi une heure et demie. Mon esprit est plein des pensées de la nuit dernière. Quels seraient les résultats ? Je voudrais espérer. Non, l'espoir n'arrive pas. Je fais des efforts pour chercher à me persuader que nous aurons de bonnes nouvelles aujourd'hui. Je ne réussis pas à me convaincre. Instinctivement, je cherche à lire sur la figure des gardiens de service..Mais ils sont nouveaux ce matin. Pourquoi cela? Je suis attentif au mouvement de la maison. Tout est calme. Je suis les pas d'un gardien dans le couloir. Le soir arrive ; aucune nouvelle. La Commune a donc eu le dessus ! Sa victoire doit être importante ; il m'a paru qu'on se battait ici avec un entrain, une ardeur prodigieuse. Je songe au plan Trochu. M. Thiers se vantait à la tribune de Versailles que le règne insensé de la Commune serait de courte durée ! Que pense-t-il aujourd'hui ?

La cellule de M. Houillon était restée vacante jusqu'à présent. J'avais vu interner quelques prisonniers dans les cellules du voisinage. Je supposais qu'on tenait en réserve celle du cher confrère jusqu'à l'époque de sa guérison. Ce soir, j'achevais ma prière, quand j'entendis tout à coup les portes de cette cellule s'ouvrir.

On pense bien que je n'eus rien de plus pressé que d'examiner si c'était bien le cher captif que l'on ramenait ici. On y avait introduit un citoyen d'un certain âge. On visitait alors sa valise avec soin. L'entretien avec les gardiens fut assez long. Ce nouveau détenu ne semblait nullement ému de sa position.

Aux égards qu'on avait pour lui, ce ne doit pas être un vulgaire criminel. Si plus tard j'apprends que M. Schneider, l'ancien président de la Chambre, a été écroué à Mazas, je saurai quel est le successeur de M. Houillon dans la cellule n° 53. Au moins, ce nouveau prisonnier lui ressemble-t-il beaucoup. M. Houillon ne reviendra plus ici (1).

Dans les loisirs et le calme de sa solitude, un prisonnier laisse un peu carrière à son imagination. *Causer avec lui-même* est son unique récréation. Le bruit que j'entends parfois dans les cellules de mes voisins a fait naître en moi la pensée d'examiner si deux prisonniers voisins pourraient établir entre eux des intelligences, faire une espèce de conversation. Les murs qui séparent les cellules sont probablement assez épais. Néanmoins la chose m'a paru assez facile. Les moyens sont sans doute imparfaits. L'usage

---

(1) Ce prisonnier était M. Chevriaux, proviseur du Lycée de Vanves, qui fut transporté le mardi 23 mai à la Roquette. Ce bon proviseur a pris la fuite le samedi soir, 27 mai, a pu traverser sans accident les barricades et rentrer chez lui sain et sauf.

apprendrait à les perfectionner. J'ai essayé avec un de mes voisins l'un de ces procédés. Faute d'une entente préalable, le succès n'a pas répondu à mon attente. Il faudrait qu'un alphabet de convention, si je puis ainsi parler, eût été adopté d'avance. Toute la difficulté gît en ce point. En persévérant, l'obstacle à notre essai eût été levé, je crois. Je n'insistai pas. Mon but se trouvait atteint. Je désirais seulement constater la possibilité de l'entreprise. La discrétion m'empêche de dire ici quels sont les procédés ingénieux au moyen desquels on pourrait faire une conversation sommaire de cellule à cellule.

Les gardiens de Mazas acceptent, sans mot dire, les lettres qu'on leur présente pour la ville. Ils inscrivent aussitôt, en les recevant, au dos de la lettre le numéro de la cellule du prisonnier qui les leur remet. Il est assez curieux que je ne reçoive pas de réponse aux lettres que j'ai adressées à bon nombre de personnes. J'avais pourtant soin de prier qu'on m'accusât, au moins, réception de mes lettres. Un simple billet de récépissé ne compromettrait pas, ce me semble. J'ai compris qu'en présence des événements du jour, certaines personnes auxquelles j'écrivais aient cru, par prudence, devoir s'abstenir de toute communication. Mais j'avoue que, de la part de quelques-uns de mes correspondants, cette réserve m'a causé de l'étonnement.

Je faisais encore une double supposition pour expliquer ce fait. Peut-être nos lettres ne sont-elles pas expédiées; peut-être aussi conserve-t-on au bureau les réponses jusqu'au jour de notre libération. J'avais, pour ce motif, pris le parti de ne plus écrire. Cependant je m'étais décidé à faire une dernière tentative le dimanche, 30 avril dernier. J'écrivis à quelqu'un de notre maison. La crainte que notre séminaire ne fût occupé militairement, le désir de le savoir, me portaient à faire cet essai. J'ai été bien agréablement surpris en recevant, le 3 mai, les habits de ville que je demandais. Tout me porte à penser que notre maison a été épargnée. J'en rends mille grâces à Dieu. Un petit billet accompagnant l'envoi m'eût été bien agréable. La frayeur, paraît-il, a gagné tout le monde. Avant de se retirer, le commissionnaire qui me remet les habits m'adresse ces paroles : « M. Houillon va bien ; il n'a besoin de rien, « et vous prie de n'être pas en souci à son

« sujet. » Dans ma lettre en ville, je priais qu'on n'oubliât pas ce cher confrère ; car je craignais qu'on ne nous supposât réunis ici comme au dépôt de la préfecture de police. Les paroles du commissionnaire sont une réponse directe à ma lettre et une réponse venant de M. Houillon. Cela est, au moins, curieux. Serait-ce depuis la ville qu'il me l'adresserait, après avoir recouvré la liberté ? Il y a là une espèce d'énigme.

Durant cette nuit du 3 au 4, le bruit de la canonnade se fait entendre vers deux heures. Le bruit est lointain et très-faible jusqu'au point du jour. Je ne sais ce que cela signifie.

Au lever de ce matin, je me décide à voir, dans la journée, le médecin de la maison. Mes douleurs deviennent plus aiguës. Je crains que mon hydarthrose ne reparaisse. Vers onze heures du matin, on me conduit à la salle de consultation. On y arrive en traversant la cuisine de l'infirmerie et la pharmacie. Deux docteurs sont dans la salle. L'un est assis, tenant sur ses genoux un registre ouvert, sans doute pour y consigner les prescriptions médicales. L'autre est debout. C'est lui qui m'a rendu visite l'autre jour dans la cellule. Le médecin titulaire de la maison est, dit-on, fort âgé. Il vient peu à l'établissement. M. de Beauvais, professeur à la clinique de Paris, le remplace bénévolement. Il m'offre poliment la main, en me voyant arriver, et me salue par mon nom. Je réponds de mon mieux à sa politesse et je lui expose le but de ma visite. Je lui présente ensuite une lettre du docteur Victor Revillout, qui rédige, ajoutai-je, un journal médical de Paris. « Je « sais, reprend M. de Beauvais. Voilà ! » Il tenait en main, à ce moment-là, un numéro du journal en question. Puis, s'adressant à son collègue : « Il est fort intelligent, ce « docteur-là, « faisant allusion à M. Revillout.

« Eh bien, monsieur Perny, nous allons « vous faire quitter votre cellule et vous en « donner une dans le bâtiment de l'infirmerie; « vous y avez droit. — Cellule pour cellule, « monsieur le docteur, s'il n'y a pas de dif- « férence, autant garder celle que j'occupe. « — Non pas, vous y serez un peu moins mal ; « il y a un lit ; il faut aussi que je puisse « vous voir plus commodément et vous soi- « gner. Car je ne puis faire chaque jour le « tour des cellules de la maison. Quelques « personnes m'ont aussi prié d'avoir soin de « vous. — Cela étant, monsieur, je me rends

« à vos raisons ; veuillez recevoir l'expression « de ma reconnaissance. »

L'affaire est ainsi arrangée. Je me retire sous la conduite du gardien, tenant en ma main, comme chaque fois que l'on sort, une petite plaque en fer-blanc, qui porte le numéro de la division et celui de la cellule du détenu. On la remet au gardien au moment où l'on rentre dans sa chambre. Il la suspend à la porte au dehors, au-dessous d'une autre plaque en tout pareille, mais plus grande. On remet la grande à chaque détenu, au bureau de la Rotonde, le jour de son entrée à Mazas. Elle est sans doute un signe que telle cellule est actuellement habitée. La petite, selon qu'elle est suspendue à la porte ou enlevée, veut dire que le détenu est présent ou absent de la cellule.

Je me tins prêt à partir de suite pour le bâtiment de l'infirmerie. Mais on ne vint me chercher que vers quatre heures de l'après-midi. Au moment où j'allais arriver dans le corridor de ce bâtiment, je vis, à vingt pas en avant, un évêque, que l'un des gardiens accompagnait dans ce même corridor. J'aurais voulu forcer le pas pour m'assurer que c'était bien Mgr Darboy, comme j'ai tout lieu de le supposer. Il est probable qu'il venait d'un parloir de la maison.

En face de la cuisine de l'infirmerie, on a ménagé, dans une large salle, des cellules d'attente pour les détenus malades qui viennent aux consultations. Sans y être interné moi-même, je me suis trouvé très à portée d'apercevoir quelques-uns de ces détenus, avant d'être introduit auprès du médecin. Je vous avoue que la figure patibulaire de ces malheureux m'a causé un véritable effroi. C'est l'expression incarnée du vice lui-même. J'en ai été profondément impressionné. Il vous est arrivé sans doute de rencontrer des estampes où l'on représentait Cartouche, avec les gens de sa bande. Ces estampes, qui expriment au naturel la figure sinistre de ces malheureux, ne causent-elles pas involontairement de l'horreur? La vue des détenus dont je parle m'a rappelé tout de suite ces fameuses estampes.

Ma nouvelle cellule de l'infirmerie est au 1er étage dans la VIe division, no 102. Sauf un lit en bois, je ne vois aucune différence avec l'ancienne. La température sera peut-être un peu plus élevée ici, et voilà tout. Il convient d'ajouter que l'on n'y remarque aucune vilaine inscription ni aucun dessin inconvenant.

Sur une des parois de la muraille, on a collé trois ou quatre affiches, signées : Piétri. L'une est le *tarif des articles vendus à la cantine de la maison.* C'est la première fois que cette pièce me tombe sous les yeux, ainsi que les deux autres, qui sont des règlements.

Dans une maison comme celle-ci tout est curieux. Je vais vous transcrire les deux règlements en question.

I

Règles à observer par le détenu placé dans cette cellule.

Il est expressément défendu de chanter, de parler à haute voix, ou de chercher à établir des communications avec les autres détenus, soit dans la maison, soit au promenoir.

Le détenu doit tenir sa cellule constamment propre, et ne faire aucune inscription ni dessin sur les murs, sous peine de punition.

Il lui est expressément recommandé de ne faire aucune dégradation dans sa cellule ni aux livres et objets mobiliers ou de literie, qui lui sont confiés : en cas d'infraction, le détenu, outre la punition qu'il encourra, sera responsable des dégâts.

Il doit tenir dans la plus grande propreté le siége et la cuvette du conduit d'aisances, et n'y jeter que l'eau absolument nécessaire au maintien de la propreté.

Pour assurer l'aération de la cellule et enlever toute mauvaise odeur, il faut, lorsque la fenêtre est *ouverte*, boucher l'orifice du siége d'aisances à l'aide du tampon de bois à ce destiné, et il faut, au contraire, ôter ce tampon lorsque la fenêtre est refermée. Le couvercle à charnière doit, dans tous les cas, *être abaissé*.

Tous les matins, à l'heure qui sera indiquée par le surveillant de la section, le détenu roulera son hamac et son matelas, et les placera bien empaquetés sur la tablette.

La couverture et les draps seront pliés avec régularité et placés sur la tablette qui se trouve au-dessus de la porte.

L'heure de dresser le lit, le soir, sera également indiquée par le surveillant, les lits ne devant jamais être tendus pendant le jour.

Lorsque le détenu a besoin de parler au surveillant, il doit tirer la poignée de bois placée à côté de sa porte pour le prévenir. Il ne doit point appeler de la voix, et surtout ne pas déranger, sans un motif urgent, les préposés à la surveillance.

Lorsque le détenu ira au parloir, au promenoir

ou au greffe, il devra s'y rendre avec célérité et en observant le plus grand silence.

Il recevra à sa sortie de cellule une petite plaque qu'il devra rendre au surveillant à sa rentrée.

Après avoir mangé, et au plus tard une demi-heure après la distribution des vivres, le détenu placera sa gamelle sur la planchette, située devant le vasistas de sa porte.

Si le détenu désire être visité par le médecin ou avoir d'urgence un entretien avec le directeur, l'aumônier ou autres employés, il en préviendra le surveillant. Le détenu peut également réclamer la visite de l'inspecteur général ou lui faire passer ses réclamations.

Le détenu qui veut interjeter appel du jugement qui le condamne doit, dans les dix jours qui suivent, écrire à M. le procureur impérial, mais il ne signera pas sa lettre. Il sera appelé, à cet effet, au greffe, où sa signature doit être légalisée. Dans le cas où le détenu ne saurait pas écrire, il ferait connaître verbalement au surveillant son intention de faire appel.

Lorsque le détenu sera au parloir avec son visiteur, il ne devra élever la voix qu'autant qu'il sera nécessaire pour se faire entendre ; dans le cas contraire, le surveillant, chargé de la police, le ferait immédiatement rentrer dans sa cellule.

Toute infraction sera punie.

II

Règles à observer par le détenu dans le promenoir.

Le détenu, pendant la promenade, doit observer le plus grand silence ; il ne doit rien jeter par-dessus les murs, ni chercher à établir des intelligences par signes ou par paroles avec d'autres détenus ou gens du dehors.

Il ne doit commettre aucune dégradation, ni écrire ou tracer des caractères sur les murs, de quelque manière que ce soit.

S'il a besoin d'aller aux lieux d'aisances, il frappera à la porte intérieure et le surveillant lui ouvrira.

Si, pour une cause imprévue et urgente, il avait quelque chose à demander, il s'adresserait au surveillant placé à l'extérieur du promenoir.

Toute infraction à ces prescriptions sera punie conformément aux règlements.

Telles sont, mon cher ami, les règles que j'ai trouvées promulguées dans ma nouvelle chambre.

J'ignore si elles sont généralement affichées dans la majorité des cellules.

Pour compléter cette partie de mon récit, je vous communiquerai encore une toute petite pièce, que le hasard a fait tomber entre mes mains. Un des gardiens était à la recherche du Catalogue de la Bibliothèque. J'ignorais que l'on communiquât aux détenus ce catalogue. Je demandai aussitôt à mon gardien s'il me serait possible de l'avoir un instant sous les yeux. Le lendemain, le catalogue était retrouvé, et je pouvais le parcourir. Voici la préface, qui formera la IIIe règle de la maison dont vous avez connaissance.

III

Catalogue de la bibliothèque de faveur.

Chaque détenu doit prendre connaissance ou copie du présent catalogue et le retourner, dans les vingt-quatre heures du jour où il lui a été confié.

Il peut joindre à chacun des livres qu'il envoie à l'échange au bibliothécaire une petite note indiquant le titre des quatre ou cinq ouvrages qu'il désire lire les premiers.

Les ouvrages ordinaires ne seront changés que le troisième jour.

Les ouvrages illustrés ne seront changés que le cinquième jour.

Tout détenu qui détériorera un ouvrage, soit en écrivant sur les pages, soit en les déchirant ou

les salissant, sera sévèrement puni par M. le directeur et tenu de payer les dégâts.

Les ouvrages qui forment cette bibliothèque m'ont paru, en général, choisis avec discernement. Je n'y ai point trouvé nos romanciers français. Les collections de voyages forment la partie principale de la bibliothèque. Parmi les ouvrages de littérature, on trouve quelques-unes des œuvres de Bossuet, de Fléchier, de Chateaubriand. La littérature anglaise, traduite en français, tient plus de place que je ne l'aurais supposé dans le catalogue. Les œuvres complètes de Shakespeare, de Walter Scott, de Cooper, du capitaine Marryat, s'y trouvent. Des ouvrages en texte anglais, allemand, italien, espagnol, hollandais, font partie de la bibliothèque. L'article *philosophie* et *morale* m'a paru peu fourni et bien pauvre. Le contraire devrait avoir lieu. Mais je crois que, dans la pensée de nos philanthropes du jour, le système cellulaire est la panacée destinée à combler le vide que je déplore. Les chapitres des sciences et des arts, ainsi que celui de l'éducation, ont aussi été trop négligés. Le catalogue se termine par un recueil de livres de piété, ou mieux de prières. Je pense que l'on communiquait ces livres aux détenus lorsqu'ils voulaient assister à l'office. De livres sérieux, destinés à faire connaître la religion à la majorité des détenus, qui certainement ne la connaissent pas, il n'est nullement question dans ce catalogue. Cette omission est fort regrettable. C'est un détenu qui est chargé du soin de la bibliothèque et de celui de changer les livres prêtés aux lecteurs.

Aujourd'hui, 5 mai, je songe qu'il y a juste cinquante ans que l'empereur Napoléon Ier mourait à l'île de Sainte-Hélène. L'Europe, disait-il, court à pas de géant vers la démocratie. La guerre récente contre la France semble avoir été prévue par lui. Il n'en fixait pas le moment. *Qui sait*, ajoutait-il, *si la France ne sera pas, un moment, une province cosaque* ? Ces paroles frappent tous ceux qui lisent le *Mémorial de Sainte-Hélène*. La Révolution est de nouveau déchaînée en France, et par elle en Europe. Les gouvernements ouvriront-ils enfin les yeux ? A quel moment plaira-t-il à Dieu d'arrêter le flot envahisseur de cette révolution ?

Ma nouvelle cellule de l'infirmerie est encore plus isolée que la précédente. Ici, je vois moins encore, j'aperçois moins le mouvement de la maison. Le journal de ma captivité va se trouver suspendu faute d'évènements à vous raconter. La seule distraction que je pourrai me donner sera d'examiner quelquefois les détenus au moment où ils vont entrer dans le préau de la promenade. Le lorgnon de mon vasistas est en face du passage qui y conduit. Je me suis donné, en effet, cette distraction aujourd'hui samedi, 6 mai. Un heureux hasard a voulu que M. Houillon fît partie de cette escouade de détenus. A son retour de la promenade, je le vois marchant d'une manière assez dégagée. Je lui envoie mes souhaits ; mais il ne se doute pas que je l'examine. Sa santé paraît rétablie.

Quelle semaine ! Depuis le lundi, 1er mai, calme plat ! Pas un coup de canon. Que s'est-il passé ? Versailles a-t-il un autre plan ? La Chambre a-t-elle dû se replier sur une autre ville ? En tous cas, ce long silence du canon m'inspire, ce soir, une sorte de tristesse. Dans notre solitude de Mazas, nous craignons sans cesse une défaite de l'armée de Versailles. Avec les idées qui avaient, avant la guerre, malheureusement envahi l'armée, rien ne serait moins étonnant qu'elle ne voulût pas se battre sous les murs de Paris. On semblait aussi avoir à Versailles une confiance trop illimitée en l'armée qu'on y avait réunie. Bien des gens répétaient qu'avec 40 mille hommes on viendrait à bout de la résistance de la Commune (1). Dans ce dernier camp, on veut se battre en désespérés.

Mercredi, 10 mai. Décidément, on n'entend plus le bruit du canon. Versailles semble renoncer à s'emparer de Paris par la voie des armes. Il est probable qu'on adopte le plan de M. de Bismarck, prendre par la famine. M. Thiers espère peut-être aussi que, durant ce temps, la Commune *s'usera elle-même*, n'ayant aucune communication avec la province. Ce plan n'est pas mauvais, mais son exécution exige du temps. Le commerce de Paris doit éprouver une crise formidable. Paris en révolte tient, lui seul, toutes les affaires de la France en suspens. Qu'il est triste pour ce pays de voir qu'une poignée de

---

(1) Depuis ma sortie de la Roquette, j'ai appris que les fédérés appelaient Montmartre leur mont Aventin. — M. Thiers, entendant ce propos, aurait répondu en souriant : *Dites-leur mont enfantin.*

démocrates tiennent toute la France en émoi ! L'Europe doit nous avoir en pitié ! Où sont les hommes d'ordre à Paris ? Ils se taisent, ils se cachent ; ils tremblent ; ils ont peur de leur ombre même ! Ils regardent et attendent les bras croisés. La Commune n'aura pas une longue vie. Le nombre de ses jours est compté. Une fois renversée, ces hommes d'ordres qui se cachent à présent battront alors des mains ; ils applaudiront tout haut ; ils manifesteront leur opinion, alors que tout danger aura cessé. Si le haut commerce de Paris, qui souffre tant, voulait s'entendre, il serait assez fort pour sommer la Commune de mettre fin à cette comédie politique (1). Un peu de courage et de dignité, voilà ce qu'il faudrait ! Mais non, tout manque ici. Quel peuple !

Certains prisonniers sont mis en liberté ; M. Blondeau, curé de Notre-Dame de Plai-

---

(1) Dans plusieurs quartiers de la ville, surtout à la rue du Bac, deux négociants, M. Boucicault, patron de la maison du Bon Marché, et M. Durouchoux père, ont organisé contre les fédérés des barricades. Ils ont sauvé toute la partie supérieure de la rue du Bac.

sance, est du nombre. Ce bon curé a dû quitter Mazas ces jours derniers. Sous quel égide s'est placé ce digne prêtre, je l'ignore. Chacun sait qu'il est populaire. Sa popularité même a pu être un des motifs de son arrestation. Sa délivrance prouve que l'on peut encore quelque chose auprès de la Commune.

Le trait suivant vous donnera une idée de cette fameuse Commune. M. Blondeau, étant détenu au dépôt de la préfecture, incertain sur son avenir, désirait voir un de ses confrères. M. l'abbé Crozes, aumônier de la Roquette, fut le seul prêtre qui lui parût pouvoir arriver jusqu'à lui. Une invitation lui fut adressée. M. Crozes, dont la réputation de zèle et de charité est européenne, ne se fit pas attendre. Mais nous étions au secret. Il fallait une permission d'un membre de la Commune. M. l'abbé Crozes se présenta hardiment à Raoul Rigault pour solliciter le *permis* nécessaire. Vous pensez bien que je n'ai jamais vu ce *délégué de la justice*. On dit que, sous une figure d'une douceur remarquable, il cache un cœur de véritable tigre. Comment expliquer cela ? Est-ce naturel ? Est-ce le résultat de son éducation ? Raoul Rigault fit un accueil même gracieux à M.

Crozes. « On ne peut rien vous refuser à vous, fit-il au bon aumônier de la Roquette. Attendez une minute. » Se mettant à son bureau, le délégué de la justice écrivit une petite lettre à l'un des chefs du bureau de la *sûreté générale*. C'est ainsi que, sous la Commune, on désigne l'ancienne préfecture de police. Cela fait, Rigault charge deux citoyens d'accompagner M. l'abbé Crozes au dépôt afin qu'il soit introduit sans retard. La lettre est remise au chef de bureau, qui apposa son *visa*. On introduit M. Crozes dans le bâtiment des détenus ecclésiastiques. Une cellule vide est ouverte. M. Crozes regarde : « M. le curé de Plaisance n'est pas là ? — Le curé de Plaisance, lui réplique-t-on, il ne s'agit pas de lui. » Veuillez entrer là. Vous avez vous-même apporté la lettre du citoyen Rigault, qui ordonne de vous écrouer. — M'écrouer ! — Oui, bien. » M. Crozes prit la chose très-gracieusement et s'installa dans la cellule. Le voilà au nombre des otages. Que dites-vous de ce raffinement de politesse de Raoul Rigault (1) ?

(1) Voici, mon cher ami, l'histoire abrégée de la captivité du vénérable aumônier. Le capitaine

Ma nouvelle cellule m'empêche d'entendre autant le bruit du canon. Ce bruit n'arrive plus que faiblement à mes oreilles. Cependant il paraît que le feu ne cesse guère. La Com-

---

Révol, l'une des âmes damnées de la Commune, dînait, un jour, avec Raoul Rigault. Il se mit à blâmer avec force les excès des membres de la Commune. Oui, vous perdez la Commune ; elle n'a pas deux mois de vie dans le ventre. — Comment ? tu oses parler ainsi ! Je te f.... aux arrêts pour huit jours. — Soit, répliqua Révol, mais achevons le dîner et prenons le café. Le dîner achevé, Révol est conduit au Dépôt où il demeura un mois. Rigault, sentant le besoin de ce capitaine, se souvint de lui et le fit mettre en liberté. Sur ces entrefaites, les victimes à conduire à la Roquette avaient été choisies. M. l'abbé Crozes avait l'honneur d'être sur la liste. Révol, se trouvant alors au greffe de Mazas, vit le nom de l'aumônier. Il s'emporta aussitôt : Quoi ! encore une scélératesse de plus ! Je te brûle la cervelle à l'instant, si le nom de l'abbé Crozes n'est pas supprimé. — Qu'à cela ne tienne, fit le misérable Garreau.— Le nom fut effacé de la liste. Le digne Aumônier demeura ainsi à Mazas et doit peut-être la vie à cet acte du capitaine Révol, qui lui conservait une profonde reconnaissance.

mune, dans la prévision que le sort des armes peut ne pas lui être toujours favorable, aurait élevé, en divers quartiers de la ville, des barricades formidables. Son intention est de se défendre jusqu'à la dernière extrémité. Sa prévoyance à l'égard des otages de Mazas mérite ici une mention honorable particulière. Craignant que cette prison ne soit le point de mire de l'armée de Versailles, elle prend des soins particuliers pour la garder. Vous avez sans doute appris que, sous ce fameux gouvernement de la défense nationale, les jeunes tyrans qui impriment à Paris, à ce moment, une si profonde terreur, ont pu envahir Mazas et mettre en liberté tous leurs amis détenus ici. Aujourd'hui ils craignent que leur coup d'État ne soit imité par leurs adversaires.

J'avais remarqué qu'à certains jours de la semaine, la promenade des détenus était tantôt retardée, tantôt supprimée. Je ne me rendais pas compte de ce fait J'en attribuais la cause à plusieurs motifs. Mais je me trompais. Le lundi et le vendredi sont les jours réglementaires où les détenus peuvent recevoir des visites. On les conduit dans des parloirs où ils peuvent converser à travers une grille, comme dans les maisons religieuses. Seulement, à Mazas, on ne permet presque pas de visiter les ecclésiastiques détenus. Sous la Commune, voilà l'*égalité*. Les gardiens sont alors employés à la surveillance des parloirs. Voilà pourquoi la promenade est supprimée ces jours-là.

On sent que les événements se précipitent. Je reçois quelques lettres pressantes de la ville. On me supplie de faire une démarche simultanée auprès de deux membres de la Commune. Je crois que cette démarche n'aura aucun résultat. Nos jeunes tribuns ont-ils seulement le loisir de lire les lettres qu'on leur adresse ? Cependant, pour n'avoir rien à me reprocher et tout en demeurant sous la main de Dieu, je me décide, aujourd'hui 15 mai, à adresser une même formule de lettre au citoyen Procureur de la Commune et au Délégué à la sûreté générale (1) :

---

(1) Une foule d'amis ont fait en ma faveur les démarches les plus actives. Sans parler de celles que notre vénéré supérieur du séminaire des Missions-Étrangères dirigeait avec la plus exquise prudence, M. Rapetti a obtenu, quatre fois, de la Commune l'ordre de me mettre en

« Citoyen,

« Je viens de l'extrême Orient. Mon retour provisoire en France, après de longues années passées en Chine, a eu un but purement patriotique. J'ai voulu enrichir mon pays d'une foule de productions nouvelles. Le Muséum du Jardin des Plantes, la Société d'acclimatation dont le siége est rue de Lille, 11, peuvent confirmer la vérité de mon assertion.

« Avant de regagner la Chine, je fais imprimer à Paris un Dictionnaire pratique de la langue chinoise pour nos nationaux qui vont faire le commerce en Chine. Sans ce malheureux siége, si fatalement terminé, mes travaux seraient achevés et je ne serais plus en France.

« En me rendant pacifiquement à une bibliothèque publique de la ville, pour mes

---

liberté. M. le comte K... avait intéressé aussi en ma faveur M. Washburn, ministre des Etats-Unis. Tous ces efforts pour me faire élargir faisaient dire à Rigault : « Cherchez donc sur le dossier de ce citoyen, il doit y avoir quelque chose. Trop de gens cherchent à le faire élargir. »

travaux scientifiques, deux gardes nationaux ivres m'ont arrêté, en pleine rue, parce que je n'avais pas sur moi mon passe-port. Depuis quarante jours, je suis détenu en prévention, sans avoir subi aucun interrogatoire.

« Citoyen, je viens faire appel à vos sentiments d'équité et de justice, non pour solliciter un privilège, mais pour qu'il vous plaise de me faire comparaître le plus tôt possible devant qui de droit pour mon interrogatoire. Si le moindre soupçon pèse sur moi en matière politique, je m'inclinerai devant la sentence qui prolongera ma détention.

« Dans l'espoir que cette juste requête ne demeurera pas sans effet, » etc.

Aujourd'hui 16 mai, on me remet une étrange lettre de la ville. Le style, l'orthographe, tout y est fort curieux. Après l'avoir lue attentivement deux fois, je ne puis me persuader qu'il n'y ait pas un *quiproquo*. Serait-ce un *biais* d'un ami pour me faire arriver sa lettre ? Il y a une parole dans cette lettre qui fixe mon attention. La semaine dernière, j'avais prié quelqu'un en ville d'aller de ma part trouver M. F..., rue d'Aboukir, pour avoir une réponse. Dans cette lettre-ci, on dit qu'on est allé rue d'Aboukir, qu'on a été bien reçu, qu'on a beaucoup d'espoir, etc. De plus, on me nomme par mon nom de baptême. Je n'ose encore insérer cette curieuse pièce dans mon journal de captivité. J'en tire une copie exacte et je me décide à la renvoyer au bureau de Mazas, parce qu'elle a pu attirer l'attention des employés de ce bureau. Nos lettres sont lues avec soin. J'ai voulu en faire l'essai un jour. J'écrivis une lettre à un jeune néophyte de la Chine, qui est à Paris. Je glissai à dessein des caractères chinois dans le courant de ma lettre. On ne voulut point la laisser passer.

La lenteur du siége de Paris nous semble étonnante. Il est bien vrai que nous ignorons ici ce qui se passe au dehors et quel est le plan du chef de l'armée. Mais la situation des otages est si grave qu'ils comptent, non-seulement les jours, mais encore les minutes. J'avais, dès mon arrivée à Mazas, le désir de me procurer la lecture d'un journal, si la chose se pouvait. Avant d'en faire la demande au directeur de Mazas, je sondai un des surveillants de ma division. Sa réponse fut si catégorique que je *renfilai mes cornes*. J'ai fait, ces jours-ci, un nouvel essai auprès de l'un des surveillants de l'infirmerie, qui s'est trouvé être mon compatriote et qui me rend tous les petits services qui sont en son pouvoir. Cet honnête gardien m'ayant donné l'assurance que ma demande ne sera pas refusée, je me suis empressé d'écrire un mot au Directeur. Le jour de l'Ascension, je reçois son *fiat ut petitur*.

La privation de tout exercice de culte m'a été particulièrement sensible le jour de l'Ascension. Je ressentais un vide, un malaise, une tristesse que mes efforts ne pouvaient vaincre. J'avais beau me dire que ma position à Mazas était belle, glorieuse devant Dieu, puisque je souffrais ici pour la cause catholique ; que cette position était mille fois préférable à celle de mes amis qui vaquaient en ce jour avec une pleine liberté aux exercices du culte public, je ne pouvais dissiper ce nuage de tristesse. Je me souviens que, dans les premières années de mon séjour en Chine, je ressentais le soir du dimanche et des jours de fête un sentiment pareil de tristesse. Un besoin de l'âme et du cœur n'avait pas été satisfait.

Mais, mon cher ami, voici bien d'autres impressions. La lecture du journal me permet enfin d'apprécier la situation politique.

Je lis la motion du citoyen Amouroux, membre de la Commune, qui demande l'exécution immédiate du décret du 7 avril sur les otages. J'ignorais l'existence de ce décret. Je suis bien aise de n'avoir pas connu tout ce qui s'est passé depuis le jour de ma détention. Je supposais tout ce qui a eu lieu. Je me disais souvent : Une bande de fous, une troupe de tigres s'est échappée de Charenton, de la forêt. C'est elle qui nous impose la loi. Chacun se cache, chacun se gare. La motion du citoyen Amouroux, demandant l'exécution de trois otages pour un partisan de la Commune, soi-disant fusillé à Versailles, ne me cause aucun étonnement. On est au fond de l'abîme On s'y roule. Si j'étais en liberté, je prierais le citoyen Amouroux d'achever l'œuvre, par la motion suivante, à l'Assemblée nationale de ces jeunes fous qui se disent la *Commune de Paris* :

Article unique.

« Une tente démocratiquement ornée sera élevée sur la place de l'Hôtel-de-Ville.

« Une table de 106 couverts sera dressée sous cette tente.

« Tous les membres de la Commune de Paris, portant l'écharpe rouge à franges d'or, assisteront à la mise à exécution du décret sur les otages. L'œuvre accomplie, tous se rendront sous ladite tente, et ses membres, à la vue du peuple de Paris régénéré, prendront un repas uniquement composé de chair humaine. Les plats d'honneur seront exclusivement composés de chair de prêtre. »

Cette fois, la Commune aura la palme. Les sauvages de l'Amérique et de l'Océanie battront des mains et proclameront, sans honte, que la Commune de Paris s'est élevée au-dessus d'eux.

L'Europe tressaillira d'horreur ! Les églises de Paris sont indignement profanées, les tombeaux sont violés. Le plus grand crime, chez les sauvages, est la violation d'un tombeau. A l'église de Notre-Dame des Victoires, on a exhumé divers cercueils, entre autres celui du vénérable M. Desgenettes. Les barbares de Paris l'ont fouillé, puis ils ont *décapité le mort* (1) !...

Quelle scélératesse ! Une plume humaine aura-t-elle jamais assez d'indignation pour

---

(1) Plusieurs journaux ont rapporté la profanation. Je n'ai pu vérifier l'authenticité de leur récit.

flétrir ces crimes ? L'Europe saura-t-elle ouvrir les yeux ? Malheur, mille fois malheur aux membres de cette Commune ! Ah ! si l'on pouvait prouver que ses membres sont vraiment *fous*, l'honneur français serait peut-être sauvé. Mais le pourra-t-on jamais ?

La lenteur du siége, mon cher ami, nous fait étrangement souffrir, ainsi que tous les hommes honnêtes qui sont restés dans les murs de Paris. Mais, au fond, si l'on y pense sérieusement, n'est-ce pas un insigne bienfait de la Providence que la lenteur même de ce siége ? Brisée ou dispersée dès les premiers jours de sa folie, connaîtrait-on la Commune de Paris ? N'aurait-elle pas encore des défenseurs ? *Les franchises municipales*, ce beau mot qui a fait tant de dupes ici, mais surtout en province ! Plus de cent mille ouvriers, séduits par ces malheurenx chefs, se sont fait stupidement égorger à cette heure pour ces franchises. Il s'agit bien de cela ! La Commune s'en est-elle même occupée une seule fois ? N'a-t-elle pas mis pleinement à découvert ses aspirations pour l'avenir ? L'illusion est-elle possible ? De plan arrêté de gouvernement, elle n'en a pas ; elle ne saurait en avoir. Elle procède, comme les sauvages, par sauts et par bonds, aux actes les plus inouïs de barbarie. Le tableau des crimes de la Commune de Paris devrait soulever la France !

Assez, assez ! Le mot de République est si néfaste, à cette heure, que le nouveau pouvoir devrait ordonner, par un décret, que ce mot fût rayé de tous les dictionnaires de la langue française.

Oui, mon cher ami, du fond de mon cachot, je bénis Dieu, je vous invite à le bénir avec moi de nous avoir infligé cette dernière et douloureuse humiliation. Les annales françaises auront à enregistrer, il est vrai, la plus triste page d'histoire qui puisse être écrite. Jamais l'humanité n'a été avilie à ce point, par un peuple qui se dit civilisé. *Corruptio optimi pessima*.

Que d'humiliations Dieu a infligées à notre pauvre France depuis six mois ! A chacune d'elles, nous disions : « C'est la dernière ! » Enfin, mon cher ami, l'aurore du jour de la clémence divine n'apparaît-elle pas à nos regards ? Il me le semble. L'Assemblée nationale, avec une unanimité qui l'honore, demande des prières publiques dans toute la France. C'est peut-être la première fois que ce spectacle consolant est donné à notre pays. La France comprendra que Dieu seul peut mettre un terme à nos maux et fermer l'abîme ouvert devant nos pas.

TRANSFERT A LA ROQUETTE.

Je sentais, mon cher ami, que le moment de la catastrophe approchait. Vendredi et samedi soir, 19 et 20 mai, je causai quelques instants avec le surveillant de ma division. Je lui fis part de mes sentiments touchant la situation. Je lui remis mon adresse et mes papiers, pour le cas où l'on viendrait nous enlever subitement soit pour nous transférer ailleurs, soit pour nous passer par les armes dans le clos même de Mazas. Je sentais vivement cette double alternative. La Commune transportera ailleurs les otages pour s'abriter derrière eux et sauver la vie de ses membres. en offrant la nôtre aux vainqueurs de Versailles. « Si cette prévision ne se réalise pas, disais-je à mon gardien, vous verrez que, dans leur fureur, ces énergumènes de la Commune viendront nous massacrer ici avec une barbare cruauté (1). » Ce bon gardien,

---

(1) Nous avons à présent, entre les mains, la

les larmes aux yeux, ne pouvait admettre mes hypothèses et s'efforçait de me rassurer. « Croyez-vous, me disait-il, que nous ne sommes pas des hommes d'ordre et que nous n'exposerions pas nos vies pour vous, si l'on en venait là (1) ? » Les raisons du bon gardien ne modifièrent en rien mes justes appréhensions. Je demeurai sous ces impressions toute la nuit du samedi au dimanche.

Le dimanche 21 mai, je causai avec d'autres employés de la prison. Tous repoussaient mes suppositions et m'affirmaient qu'avant trois jours nous serions probablement délivrés. Ils avaient la conviction que l'armée de Versailles ferait une manœuvre habile pour s'emparer aussitôt des prisons et sauver les otages.

---

preuve que ces tristes pressentiments étaient fondés en raison. Le citoyen Garreau, directeur de Mazas, disait de temps en temps au greffe de la maison : « Les gardes nationaux pourraient « bien venir un de ces jours et fusiller dans « leurs cellules tous les otages. »

(1) Ce gardien est originaire de la Franche-Comté. Il conserve pour le digne évêque de Versailles, qui a été curé dans sa paroisse natale, une vive et profonde vénération.

Le lendemain matin, j'appris de la bouche de mon gardien l'heureuse nouvelle de l'entrée des troupes à Paris. « Est-ce bien vrai ? « Êtes-vous sûr de la nouvelle ? » répétai-je à plusieurs reprises. — « Oui, mon père, je « vous l'affirme ; à l'aube du jour, l'armée « de Versailles s'est installée au Trocadéro ; « elle occupe, en outre, le Champ-de-Mars. « Ainsi, bon espoir ! » Je me jetai aussitôt à genoux pour remercier Dieu avec la plus vive effusion. Je récitai, avec larmes, les prières de l'action de grâces.

Cependant, mon cher ami, si vous ne saviez ma sincérité, vous croiriez à peine ce que je vais vous dire. « La justice divine, » me disais-je, « ne doit pas encore être apaisée ; « il faut le sang d'un certain nombre de vic- « times. C'est une des lois du monde moral. » Je me levai sous l'impression de cette pensée. J'entrevoyais la difficulté matérielle pour l'armée de Versailles d'arriver jusqu'à nous. Enfin, Paris était sauvé, à mes yeux. Les otages succomberaient peut-être. J'offris, je vous l'assure, de bien bon cœur, ma vie à Dieu ; je le faisais même avec une grande confusion. Étais-je une victime capable de peser tant soit peu dans la balance des réparations ? Je n'osais le croire : cependant, Dieu avait permis que je fusse au nombre des otages de la Commune, c'est-à-dire des victimes qu'elle se réservait pour le dernier jour.

Je passai ma journée à prier et à réfléchir, laissant entièrement la lecture de côté. Dans l'après-midi, mon gardien trouva un prétexte pour entrer dans ma cellule. Il était plein d'espérance. Nous en étions à discuter ensemble les chances de notre salut, quand un autre gardien vint tout ému me dire de préparer au plus vite mes effets, qu'on allait me transporter ailleurs. « Et où donc ? — A la « Roquette. — Tout est perdu, » dis-je à mon gardien. Je recueillis avec précipitation mes habits. Il était environ cinq heures du soir. Quelques instants après, le gardien reçut l'ordre d'ouvrir ma cellule et de me conduire au bureau. Il me serra la main avec affection, prit mon paquet et le porta en m'accompagnant jusqu'auprès du bureau de la Rotonde. Là se trouvaient debout plusieurs brigadiers de Mazas, installés par la Commune, un Délégué de la Commune avec son écharpe rouge.

Peut-être était-ce le directeur de Mazas (1).

---

(1) Ce directeur était Garreau, l'infernal

Ce délégué tenait en main un billet. Il me demanda mes noms et prénoms. Puis il ajouta : « N'avez-vous rien à réclamer ? »

Je compris que sa question voulait faire allusion à des objets que j'aurais laissés en dépôt et que je pouvais réclamer alors. Il est probable que mes collègues auront tous compris ainsi le sens de cette question. Mais j'ai su depuis, par un gardien, que cela voulait dire : « Avez-vous à réclamer contre votre jugement ? » Jouer ainsi, tromper de la sorte un malheureux prisonnier, quelle infamie ! — « Suivez ce gardien. » — Je longe le couloir d'entrée. On m'écroue dans la cellule d'attente qui donne sur le greffe de la prison.

Après quelques minutes, la porte s'ouvre. Je retrouve le même greffier en chef, qui dresse une double copie de l'acte de mon arrivée à Mazas. On me conduit à la cour d'en-

---

Garreau, selon le mot de M. de Beauvais. Il fut livré le 26 mai au capitaine qui vint prendre possession de Mazas. Dix-huit fédérés venaient d'être saisis autour de la prison. En recevant Garreau, le capitaine dit : *Joignez-le à ces scélérats,* il fera le dix-neuvième. Tous furent passés par les armes quelques heures après.

trée. Une double et triple haie de soldats en bordait le pourtour. Je monte dans une voiture de déménagement. Je trouve là Mgr Darboy avec son secrétaire. Je suis donc le troisième sur la liste ! Je m'empresse d'offrir mes hommages au vénérable Prélat, et je prends place à son côté gauche. Sa Grandeur paraissait bien affaissée. Sa voix était altérée. La veille, on lui avait mis les vésicatoires. Il n'y avait pas de siége dans la voiture ; nous étions assis sur une planche placée de champ aux côtés de la voiture. Après moi, arriva un vieillard que je ne connaissais pas. C'était M. Bonjean, premier président de la Cour de cassation. Puis, vint M. le curé de la Madeleine ; Mgr Surat, vicaire général ; M. Bayle, promoteur du diocèse, un laïque que personne de nous ne connaissait, et qui, durant tout le trajet, ne prononça aucune parole. C'était M. Jecker, le fameux banquier du Mexique. En dernier lieu venait M. Houillon, mon confrère de Chine. Une deuxième voiture stationnait dans la même cour et devait faire le trajet avec nous. Pendant qu'on préparait la deuxième voiture, les personnages qui formaient le personnel de la première échangeaient entre eux quelques paroles avec un sourire mélancolique. M. le curé de la Madeleine me demanda, avec empressement, si j'avais des nouvelles fraîches de mon cousin, évêque en Chine. « Voyez donc, Monseigneur, disait-il à Mgr Darboy, ces deux Orientaux qui viennent se faire martyriser à Paris ! N'est-ce pas curieux ? » Monseigneur souriait, puis redevenait soucieux. M. Bonjean rappelait avec amabilité à Monseigneur des circonstances de sa vie, des entrevues d'autrefois. M. le curé de la Madeleine me semblait aussi calme, aussi peu soucieux que s'il se fût rendu, en temps ordinaire, chez un de ses amis.

J'admirais la fermeté d'âme de ce prêtre distingué ; malgré son grand âge, M. Deguerry ne semblait pas avoir souffert à Mazas.

M. Bonjean avait, au contraire, beaucoup souffert dans cette prison. Néanmoins, il était très-calme ; sa conversation était encore enjouée et spirituelle.

Quant à Mgr l'archevêque, il parlait peu ; il souriait seulement, en entendant la conversation de ses voisins, et retombait continuellement dans un état de préoccupation.

J'ai tout lieu de croire qu'il faut en attribuer la cause aux souffrances endurées à Mazas et à l'état de santé fort délicate de Sa Grandeur.

Pour ma part, je ne cessais alors d'admirer le calme, la résignation de tous ces personnages, naguère au faîte des honneurs civils et ecclésiastiques, et maintenant traités par une vile populace comme les plus insignes scélérats.

Aucune plainte sur le passé et sur le présent, aucun murmure contre les odieux traitements dont nous étions l'objet. Il ne fut même pas question des motifs qui avaient déterminé notre translation ailleurs ni de la situation politique du moment.

Nous demeurâmes plus d'une heure dans cette voiture, stationnant dans la cour de Mazas. Au dehors, la foule était immense et impatiente. Elle savait que l'on allait transférer le clergé à la Roquette. Elle frappait avec violence à la porte, menaçant de l'enfoncer si l'on n'ouvrait pas. A la vue de cette foule d'enfants des deux sexes, de femmes du peuple, d'hommes en blouse à la figure sauvage, exaspérés, poussant des cris d'une joie féroce, j'éprouvai peut-être la plus pénible impression de toute ma vie. Ce flot populaire, grossissant de minute en minute, accompagnait la voiture. Les injures les plus basses, les vociférations les plus éhontées sortaient à la fois de toutes ces bouches, *hideuses à voir*. Jamais, non, jamais vous ne sauriez imaginer quelque chose d'aussi épouvantable. Je croyais voir une légion de démons acharnés à notre suite.

Mgr l'archevêque baissait les yeux. Je fixais de temps en temps les miens sur ce vénérable prélat, lui disant dans mon for intérieur : « Voilà votre peuple ! »

Une fois ou deux, M. le curé de la Madeleine dit à Monseigneur : « Vous entendez, Monseigneur ? » Le prélat garda le silence.

« Arrêtez ! arrêtez ! A quoi bon aller plus loin ? A bas les calotins ! Qu'on les coupe en morceaux ici. N'allez pas plus loin A bas ! à bas ! »

Vous eussiez dit une troupe de tigres altérés de sang !

Quelle honte pour l'humanité ! Les soldats de la Commune avaient de la peine à retenir ce flot populaire. La voiture allait au pas, comme pour nous laisser épuiser jusqu'à la lie ce calice d'amertume. Au lieu de suivre la grande voie des boulevards, on nous fit traverser la rue du Faubourg-Saint-Antoine et tous ces quartiers-là si dévoués à la Commune. Le trajet semblait long à tous. M. le curé de la Madeleine demandait de temps en temps : « Où sommes-nous ? »

Il était environ huit heures du soir quand nous arrivâmes à la Roquette. On nous fit tous entrer dans une salle d'attente qui est au côté gauche de la porte. Nous attendîmes là plus d'une heure et demie. On faisait, je présume, l'inscription de nos noms au greffe. J'entendis également un gardien faisant cette réflexion que les cellules n'étaient pas prêtes, parce que notre translation à la Roquette avait été subitement ordonnée. On fit deux fois l'appel de nos noms, comme pour bien s'assurer que nous étions tous présents. Il est bien inutile de vous faire observer que Mgr l'archevêque n'avait que le privilége d'être à la tête des otages, sous le titre de citoyen Darboy. Lorsque la Commune arrêta ce Prélat dans son palais, on lui annonçait que, tout en s'emparant de sa personne comme otage, on voulait le traiter avec tous les égards dus à son rang, qu'il aurait son domestique avec lui, etc. On se servit de sa voiture pour le transporter au dépôt de la préfecture. Mais, une fois là, Monseigneur ne fut plus qu'un criminel vulgaire. Croiriez-vous que, dans le mandat d'amener lancé contre Monseigneur, ces misérables osaient dire : « Ordre d'arrêter le citoyen Darboy « (Georges), se disant archevêque de Paris ! » Transporté à Mazas, on ne voulut point laisser à Monseigneur son grand-vicaire pour compagnon de cellule. On prit la première cellule venue ; peut-être même en choisit-on à dessein une qui était traversée par un des tuyaux de conduit, qui laissait dans la cellule une atmosphère malsaine. Les instances du docteur de Beauvais déterminèrent les chefs de Mazas à donner une cellule plus convenable à Monseigneur (1).

On nous rangea au bas de l'escalier du 1er étage de la 4e division. Un brigadier, tenant une lanterne à la main, ouvrait la mar-

(1) Il y aurait un travail intéressant à faire sur tous les membres de la Commune et ses délégués. Presque tous sont des repris de justice. François, directeur de la Roquette avait fait six ans de travaux forcés ; celui de Mazas avait été détenu là à plusieurs reprises.

che. Chacun suivit dans l'ordre d'appel. On arrive à la première cellule du corridor. La porte est ouverte à moitié. Mgr Darboy entre, on referme aussitôt. Ainsi jusqu'à la fin. Ni le corridor ni les cellules n'étaient éclairés. L'obscurité était profonde. Chaque cellule renfermait une paillasse et une couverture. Pas de banc, pas de table, aucun meuble. C'est en palpant avec les mains que l'on cherchait à connaître la disposition de la cellule et de son ameublement. Les gardiens se retirèrent aussitôt après nous avoir tous écroués dans nos cellules. La reconnaissance m'oblige à signaler ici un des gardiens, qui a constamment bien mérité des otages. Il fermait la marche, lorsqu'on nous introduisit au premier étage. Ce gardien s'approcha auprès de moi et me dit, d'un ton de voix très-ému : « Ah ! monsieur, c'est la rage dans le cœur que je fais cette triste besogne (1). » Le silence de cette première nuit à la Roquette était lugubre. On sentait, depuis sa cellule, que toutes les poitrines étaient oppressées par l'émotion et l'expectative des sanglants évé-

(1) Ce gardien est M. Cabot, l'un de ceux qui furent le plus dévoué aux otages.

nements qui allaient avoir lieu. Des soupirs, des gémissements de cœurs plongés dans la prière interrompaient seuls le silence de cette nuit mémorable du 22 au 23 mai. Qui aurait pu se livrer au sommeil ? Vers le milieu de la nuit, on introduisit dans notre corridor quelques nouveaux détenus, transférés de Mazas ici. Ce fut un moment de nouvelle émotion. Si je ne me trompe, le nombre des otages de notre division se trouvait être de quarante-trois personnes, dont onze laïques.

Quand le jour arriva, nous connûmes alors la disposition de nos cellules. Si nous avions pu douter de notre sort, l'installation même de ces cellules nous en eût averti. C'étaient vraiment des cellules de passage pour un séjour de quelques heures. Une simple paillasse avec une couverture, voilà tout l'ameublement.

L'ordre avait été transmis par la Commune au citoyen driecteur de nous faire passer immédiatement par les armes, mais celui-ci fut effrayé de l'accablante responsabilité que l'on voulait faire peser sur lui. Il opposa, pour gagner du temps, aux ordres de la Commune un défaut de forme. Aux termes du règlement, paraît-il, le directeur de la Roquette ne doit laisser sortir aucun condamné sans avoir une copie du jugement. Cette copie du jugement n'avait pas été envoyée, par la raison toute simple qu'aucun jugement n'avait été rendu. L'exécution des ordres de la Commune se trouva ainsi différée.

La cloche de la maison sonna le lever des détenus vers six heures du matin. Une heure après on commença à entendre les pas des surveillants de notre couloir. Deux jeunes détenus faisaient les fonctions de domestiques au service des prisonniers de notre 4e division. Le régime alimentaire est absolument le même qu'à Mazas. Vers huit heures du matin on ouvrit nos cellules, et, *à notre profonde surprise*, l'on nous permit de nous réunir tous dans le corridor, pendant que les domestiques nettoieraient un peu les cellules.

Vous comprenez, mon cher ami, avec quelle vive effusion de cœur, avec quelle tendre charité, tous ces condamnés à mort s'embrassèrent et quelle fut leur joie de pouvoir, après une longue et dure captivité à Mazas, épancher leurs cœurs les uns dans les autres (1). Un bon nombre d'entre nous ne

(1) On sait qu'à Mazas nous étions au secret.

se connaissaient pas, mais les douleurs d'une même captivité produisirent incontinent un lien étroit d'affectueuse amitié entre nous tous, prêtres et laïques. La Commune nous avait choisis entre tous les otages pour les premières victimes de son choix.

Notre crime à nous, prêtres, était notre foi et notre caractère sacerdotal. Quant aux otages laïques, ils étaient victimes de la plus criminelle injustice ou de vengeances particulières des membres de la Commune. En écrivant ces lignes, je suis encore, mon cher ami, sous l'impression de la surprise que me causa la vue de l'un de mes confrères, M. l'abbé Guerrin, directeur au séminaire des Missions Étrangères. Ce fut alors seulement que je connus son arrestation. Ce bien cher confrère me raconta, en peu de mots, comment il avait été arrêté à la préfecture de

---

On ne se voit pas, on ne se parle pas. On refusait même aux prêtres la faculté de recevoir leurs amis au parloir. Mgr Darboy obtint la permission, sous le citoyen Mouton, de se promener avec quelques ecclésiastiques. Mais un nouveau directeur le fit bientôt rentrer dans la règle commune.

police en allant faire une réclamation, et me causa une grande joie en m'apprenant que notre maison-mère avait été préservée jusqu'alors.

Les journaux, même l'*Officiel* de Versailles, ont commis de regrettables erreurs jusqu'ici en parlant des otages. Certains noms ont été complétement défigurés, d'autres ont été omis. On a annoncé le massacre par la Commune de plusieurs otages qui ont été sauvés. Ces nouvelles inexactes ont causé un deuil momentané dans un bon nombre de familles, amis ou alliés des otages.

Voici, je crois, la liste exacte des otages de notre IVe division, 1er étage :

Numéros des cellules.

1-23 (1). Mgr Darboy (Georges), archevêque de Paris, arrêté le 4 avril.

2-1. M. Bonjean (Louis-Bernard), premier président (2).

---

(1) Monseigneur n'a occupé cette dernière cellule que le dernier jour de sa vie.

(2) M. Bonjean a pris la cellule de Mgr après le départ du Prélat. — Nous ne sommes assurés du numéro des cellules que pour une partie des otages.

3. Mgr Surat, proton. apost. vicaire-général de Paris.

4. M. Deguerry, (Gaspard), curé de la Madeleine.

5. Le P. de Bengy, jésuite.

6. Le P. Alexis Clerc, jésuite, ancien officier de marine.

7. Le P. Léon Ducoudray, sup. de l'institution Ste-Geneviève de la rue des postes.

8. M. l'abbé Gard, sémin. de S. Sulpice.

9. Le P. Caubert, jésuite.

10. M. Petit, secrét.-général de l'archevêché.

11. M. Lartigue, curé de S. Leu.

12. M. l'abbé Allard, aumôn. milit. des ambulances du dioc. d'Angers.

13. M. Moléon, curé de S. Séverin.

14. Le P. Olivaint, sup. des Jésuites de la rue de Sèvres.

15. M. Paul Perny, missionn. apost. en Chine.

16. M. J.-B. Houillon, miss. apost. en Chine.

17. M. l'abbé Planchat, aumôn. de l'œuvre des patronages de la soc. de S. Vincent-de-Paul.

18. M. l'abbé Paul Seigneuret, sém. de S. Sulpice.

19. Le P. Frezal Tardieu, de Picpus.

20. M. Bécourt, curé de Bonne-Nouvelle.

21. M. Chevriaux, proviseur du lycée de Vanves.

22. M. Léon Guerrin, direct. au sémin. des Missions-Etrangères de la rue du Bac.

23. M. l'abbé de Marsy, vic. à St-Vincent-de-Paul. — Puis, Monseigneur Darboy a occupé cette cellule le jour de son martyre.

24. M. Sabattier, vic. de N.-D. de Lorette.

25. M. Rabut, commissaire de police de la Bourse.

26. M. Ferdinand Evrad, sergent-major du 106e bataillon.

27. Le P. Ladislas Radigue, prieur de la maison de Papus.

28. M. Jecker, banquier du Mexique.

29. Le P. Polycarpe Tuffier, procureur gén. de Picpus.

30. M. Derest, anc. officier de paix.

31. M. Largillière, sergent-fourrier du 74e bat.

32. M. Moreau, garde national.

33. M. Alphonse Salmon.

34. M. Bayle, promoteur du diocèse de Paris.

35. Le P. Saintin Carchon, de Picpus.

36. Le P. Siméon Dumonteil, anc. miss. de l'île de Taïti, de Picpus.

37. Le P. Laurent Besquent, de Picpus.

38. Le P. Philibert Tauvel, de Picpus.

39. Le P. Sosthène Duval, de Picpus.

40. Le F. Constantin Lemarchand, de Picpus.

41. M. Chaulieu, employé à la préfecture.

42. M. Graef.

A la 3e division, au deuxième et au troisième étage se trouvaient des otages civils de la Commune au nombre de 72, presque tous pris dans les rangs de l'armée. On leur adjoignit, dans la nuit du lundi au mardi, dix prêtres, dont voici les noms :

1. M. Bacuès, directeur à Saint-Sulpice.
2. Le P. Basin, jésuite.
3. M. Juge, aumônier des sœurs aveugles de Saint-Paul.
4. M. Guillon, du clergé de Saint-Eustache.
5. M. Lamazou, vicaire à la Madeleine.
6. M. Amodru, vicaire à Notre-Dame-des-Victoires.
7. M. Depontailler, vicaire à Belleville.
8. M. Carré, id.
9. M. Guébels, vicaire à Saint-Éloi.
10. M. Delmas, vicaire à Saint-Ambroise.

Vers neuf heures du matin, on nous fit rentrer dans nos cellules. Cette entrevue commune avait été une immense consolation pour le cœur de tous, malgré la gravité de la situation. J'en remerciai Dieu pour ma part, avec la plus affectueuse reconnaissance. Quelques instants après, la porte de ma cellulle fut de nouveau ouverte. Le directeur de la Roquette faisait le tour des cellules « pour nous présenter, disait-il, le citoyen chargé de la cantine de la maison ». Cet acte me sembla étonnant. N'était-ce pas un prétexte imaginé pour voir de près tous les otages ? Le directeur était petit de taille, maigre, d'un teint pâle, et très-embarrassé dans ses manières. Je l'examinai attentivement pendant qu'il me parlait. Son regard s'étant rencontré avec le mien, il baissa aussitôt les yeux. Il était revêtu de son écharpe rouge. C'est la seule fois que je l'ai vu. Je suis persuadé que tous mes collègues auront dû être frappés de l'air gêné de ce directeur en notre présence.

Du sein de nos cellules, nous entendions, avec une profonde douleur, la bataille qui se livrait dans divers endroits de la ville. L'écho violent et répété du canon, le sifflement aigu et continuel des obus tombant avec fracas, les incendies qui se manifestaient dans plusieurs endroits de la ville, tout annonçait l'heure de la lutte suprême entre la Commune et l'armée régulière. Il ne fallait alors aucun effort d'esprit pour se sentir sous la main de Dieu et porté au plus profond recueillement. On commençait à compter son existence par les minutes qui s'écoulaient. Le moindre bruit dans le corridor tenait les oreilles en suspens.

Vers dix heures du matin, on introduisit

dans le préau qui est au-dessous de ma fenêtre les otages civils et militaires de la 2e et 3e division. Les soldats avaient été faits prisonniers dans les premiers engagements hors des murs. Ils me saluaient avec une respectueuse compassion. Je fis l'aumône à quelques-uns. Plusieurs jeunes artilleurs, surtout un turco, attirèrent d'une manière toute spéciale mon attention. Un sentiment particulier amenait sans cesse ce dernier à passer et à repasser sous ma fenêtre. Il me manifestait le bonheur qu'il aurait à me parler autrement que par des signes.

Les surveillants ne demeuraient point avec eux durant la récréation. On se contentait de fermer la grille aux deux extrémités du préau. Il s'établit aussitôt entre ces braves soldats et plusieurs d'entre nous des relations qui semblaient adoucir leur captivité. Car ils devinaient bien la cause qui nous avait fait conduire à la Roquette.

La nudité complète de nos cellules nous prêchait éloquemment, mon cher ami, le dépouillement de toute affection humaine. *Nudus nudam crucem sequar*. On l'a dit souvent et avec raison : « Pour bien prier, il faut être sur mer, surtout pendant une tempête. »

J'en ai fait l'expérience, ayant traversé déjà quatre fois toutes les mers de l'Orient. Aujourd'hui, je dis : « Pour bien prier, il faut être sur mer ou à la Roquette, sous la Commune de Paris. » J'ai la conviction qu'aucun des otages échappés miraculeusement au massacre des barbares de la Commune ne contredira mon assertion.

Laissez-moi vous dire, à la louange de la bonté divine, que la foi chrétienne, endormie dans le cœur de quelques otages laïques, s'est merveilleusement réveillée en face du suprême danger. Plusieurs ont sollicité eux-mêmes avec un empressement édifiant la faveur « de se réconcilier avec Dieu et avec leur conscience. »

Les autres ont accepté avec le même bonheur la première offre qui leur fut adressée par quelques-uns d'entre nous des secours de notre ministère. Vous connaissez le talent et l'érudition de M. Bonjean, ancien sénateur, premier président à la Cour de cassation ; vous savez l'éclat qu'il a jeté dans la magistrature ; personne n'ignore ses qualités sociales, etc. Les catholiques de France n'ont pas oublié non plus que M. Bonjean, à la tribune du Sénat, défendait avec esprit les vieilles traditions gallicanes, dont il était devenu peut-être la personnification la plus complète de notre temps. Imbu de ces anciens préjugés parlementaires, vous vous souvenez des attaques de M. Bonjean contre certains ordres religieux, notamment contre la Compagnie de Jésus. Eh bien ! admirez le soin merveilleux de la Providence ! A cette heure, M. Bonjean se trouve en présence de quelques membres distingués de cette Compagnie, qui a la gloire d'être constamment persécutée, parce qu'intimement unie à l'Église de Dieu et au Vicaire de Jésus-Christ, elle combat sans cesse les erreurs de l'époque. Le jour où les attaques publiques et privées contre la Compagnie de Jésus cesseront, la Compagnie aura cessé elle-même d'être animée de l'esprit de son illustre fondateur. M. Bonjean voit de près ces membres de la Société de Jésus, persécutés comme lui. Avec ce tact et ce rare discernement qui le distingue, il a le bonheur de les apprécier aussitôt. Le moment suprême de la vie approchait. M. Bonjean veut être prêt à paraître devant Dieu. Il a le choix entre quarante à cinquante prêtres qui l'entourent. C'est un Père de la Compagnie de Jésus qui devient le dépositaire des secrets de sa conscience et le médiateur entre lui et le ciel. Cet acte simple et touchant nous semble la plus belle rétractation des anciens discours de M. Bonjean contre les ordres religieux. Si nous publions avec bonheur ce fait consolant et honorable pour la mémoire de l'ancien président, c'est qu'il glorifie grandement sa conduite en cette délicate circonstance. Cette nouvelle doit être pour sa famille la plus douce et la plus précieuse consolation qui puisse lui être adressée. Recevoir les honneurs d'une brillante sépulture, être honoré de discours mondains au moment où notre enveloppe mortelle est descendue en terre, être proclamé bien méritant de la patrie, etc., que sont tous ces vains honneurs, si, au sortir de cette vie, notre âme immortelle n'a pu soutenir les rigueurs de la justice divine? La consolation de la famille de M. Bonjean sera toujours de savoir que ce magistrat distingué s'est préparé sérieusement à paraître devant Dieu.

La joie chrétienne de cette famille sera sans doute au comble, en apprenant que, par une grâce toute spéciale, M. Bonjean a eu le bonheur de communier en viatique le jour même de sa mort (1).

---

(1) Une dame pieuse, malgré l'horreur que

Un autre prisonnier de la Commune (1), qui demeurait en face de ma cellule, après avoir mis ordre à sa conscience, en éprouvait une si grande jouissance qu'il n'eut rien de plus pressé, à la première rencontre, que de venir m'embrasser en m'inondant de ses larmes de joie. Sa réconciliation avec Dieu, me disait-il, lui ôtait toute crainte de la mort. Il me chargea alors, si je venais à lui survivre, de rendre visite à sa famille, de lui faire part des sentiments sincèrement chrétiens qui l'animaient alors. Sous l'impression de la grâce, il écrivit une touchante lettre d'adieu à son excellente femme et à ses chers enfants. Il voulut m'en donner connaissance. Que sera devenu ce testament? Je l'ignore.

---

devait lui inspirer la vue des gens de la Commune, s'était dévouée à porter, de temps en temps, à certains otages, leur nourriture. Par un habile stratagème, elle avait réussi à faire parvenir à l'un des PP. de la Compagnie de Jésus une pyxide renfermant la sainte Eucharistie. Le lendemain de l'exécution de Mgr Darboy, le R. P. Olivaint me dit que tous ces chers martyrs avaient fait la sainte communion, et il me raconta alors de quelle manière ils avaient reçu la pyxide.

(1) M. Derest, ancien officier de paix.

Vers midi, nous eûmes un autre sujet de joie et d'étonnement tout à la fois. On nous accorda la récréation en commun dans le préau qui longe les trois corps de bâtiment de la prison. Les dix otages ecclésiastiques de la 3e division furent envoyés avec nous dans le même préau. Chacun s'empressa autour de Monseigneur l'Archevêque, qui se montra aimable à tous, malgré les grandes souffrances corporelles qu'il ressentait. Puis on se forma en petits groupes, passant de l'un à l'autre, afin d'avoir la consolation de se saluer mutuellement. Pendant ces moments de récréation, on se prodiguait mutuellement les consolations et les secours de la religion. Je me plaisais à contempler le spectacle de tous ces otages, condamnés à une mort qui me semblait certaine. Quelle dignité, quel calme, quelle résignation aux desseins du Ciel ! Malgré la gravité de la situation, chacun de ces otages avait un doux sourire sur les lèvres. La dure captivité ne semblait peser à personne.

En me promenant avec ces bien-aimés confrères, je faisais un vœu au fond de mon cœur : « Que les membres de la Commune « ne sont-ils témoins du calme de leurs ota-

« ges ! Ce spectacle, à coup sûr, me disais-je, « leur causerait un profond étonnement. » Plusieurs otages laïques m'ont fait part spontanément de leur admiration à la vue de tous les otages ecclésiastiques, si pleins de mansuétude à l'égard de nos bourreaux, et si calmes malgré le danger imminent qui nous menaçait tous.

A Mazas, on avait pu, dans les derniers temps, suivre le mouvement de la situation. A la Roquette, nous étions au secret le plus complet. Aucune nouvelle du dehors ne pouvait arriver à nous. Quelques surveillants se mêlèrent à nous en récréation, mais leur attitude fut très-convenable. Leur situation à eux-mêmes était fort délicate. Chacun le comprenait, et l'on ne se permettait aucune question qui pût leur causer de l'embarras.

Dès cette première entrevue dans le préau de la maison, je m'attachai à découvrir quelle était la pensée dominante des principaux otages sur la situation. Tous assurément ne se faisaient aucune illusion sur la gravité du péril imminent. Cependant je dois vous le dire, mon cher ami, je fus singulièrement étonné de voir que ces principaux otages conservaient encore un assez grand espoir de salut. J'en éprouvais une sorte de stupéfaction. L'élévation de leur esprit, la générosité du cœur de ces otages illustres, leur faisaient sans doute involontairement repousser la pensée que, malgré tous ses excès, la Commune pût en venir à une exécution sommaire et barbare. Les grands hommes ne peuvent jamais croire à toute la scélératesse humaine. Je n'explique pas autrement la persuasion dans laquelle je trouvai alors chacun d'eux.

On avait cru dans les derniers temps, à Mazas, que, si la Commune osait en venir à l'exécution des otages, on les ferait passer devant un conseil de guerre et qu'un défenseur leur serait accordé de droit comme à tout accusé. Un jurisconsulte distingué, mû par un sentiment qui sera à jamais son honneur devant les hommes, et, ce qui vaut infiniment mieux, sa gloire devant Dieu, avait sollicité la périlleuse faveur de défendre les otages devant la cour martiale qui les mettrait en jugement. M. Étienne Plou, malgré la cécité dont il est atteint, se mit en rapport avec quelques membres de la Commune, et, malgré les immenses difficultés qu'on lui opposa, il obtint la faculté de voir Mgr Darboy, M. Deguerry, M. Bonjean et quelques autres.

otages. Certains employés de la Commune voulaient mettre des entraves aux rapports de M. Plou avec les otages. Ce jurisconsulte, dont chacun admire les manières, déploya, en chacune de ces occasions, une fermeté de caractère digne des plus grands éloges. Il est certain que M. É. Plou s'exposait lui-même (et l'illusion ne lui était pas possible) au danger presque certain de devenir à son tour un otage de la Commune. Sa grandeur d'âme, son courage, la digne fermeté de ses paroles imposaient, soit aux membres de la Commune, soit à ses délégués. M. Plou visitait souvent les otages que je viens de nommer, les entretenait en particulier de son projet de défense, leur soumettait les arguments qu'il ferait valoir en leur faveur.

Ces illustres otages étaient touchés d'un si beau dévouement, mais ils ne dissimulaient nullement à leur défenseur que, si une cour martiale les mettait en jugement, leur sentence serait toute décrétée et que toute défense serait superflue.

Monseigneur disait un jour cette touchante parole à son défenseur officieux : *Oh ! que j'envie la mort de Mgr Affre ! Y a-t-il des barricades à Paris à présent ? — Beaucoup,*

Monseigneur. — Que ne suis-je allé mourir sur l'une d'elles, comme mon prédécesseur ! — L'histoire doit recueillir cette mémorable parole, qui est comme le testament suprême du bon Pasteur, prêt à verser son sang comme J.-C. pour le salut des siens.

M. Plou visita pour la dernière fois ses clients le samedi 20 mai. M. le Curé de la Madeleine, tenant entre ses mains celles de l'honorable défenseur, lui adressa ces belles paroles, dignes d'être gravées sur la tombe de M. Deguerry :

Mon cher ami, si je savais que mon sang fût utile à la religion, je me mettrais à genoux devant eux pour les prier de me fusiller.

Tous les amis des principaux otages doivent une vive reconnaissance à M. Étienne Plou et à M. le docteur de Beauvais, qui, en ces jours douloureux, ont rivalisé de zèle et de dévouement, au péril de leur propre vie. Mgr l'Archevêque de Paris les a bénis avec effusion et pressés, avec une charité toute paternelle, sur cette poitrine qui, peu de jours après, allait être frappée par les balles des *Vengeurs de la Commune.*

La première récréation commune du mardi causa une satisfaction inexprimable à tous les otages. En regagnant nos cellules, chacun se sentait le cœur plus allègre. On s'était fortifié, on s'était encouragé mutuellement à supporter généreusement ces dernières souffrances, en union avec le divin Rédempteur. Jamais on ne sentait mieux le bonheur d'être intimement unis, par les liens de la foi et de la charité, au Sauveur du genre humain. Tous les textes de l'Évangile sur ceux qui sont persécutés pour la justice, toutes les paroles de Notre-Seigneur durant sa Passion, revenaient à l'esprit avec une abondance et une clarté merveilleuses. Ces divines paroles faisaient descendre, au fond du cœur, un baume consolateur, dont une voix humaine est impuissante à exprimer les délices. Dans ces heures solennelles de la vie, on sent que Dieu est *tout près de nous*, et l'on n'a aucun effort à faire pour comprendre que l'on est sous la main divine.

Les cellules de la Roquette ont été divisées en deux, mais de manière que deux détenus, qui se trouvent dans la cellule divisée, puissent communiquer entre eux par la fenêtre. On peut converser ensemble et même se passer quelques objets d'un petit volume. Mon cher confrère, M. Houillon, se trouvant à mes côtés, nous pûmes reprendre nos causeries anciennes du dépôt de la préfecture. Après une revue sommaire de notre séjour à Mazas, notre conversation ne roula plus que sur notre situation présente. Nous passions ensemble la revue du martyre des membres de notre congrégation, et nous faisions ressortir la différence de notre situation avec la leur. La brutalité dans sa laideur, la haine du bien, le mépris des formes de la justice, le parti pris d'avance, la grossièreté des manières, la joie d'immoler un ennemi, tout cela est le propre exclusif des gens de la Commune, et tout cela ne se rencontre presque jamais chez les infidèles de la Chine, qui mettent à mort les prédicateurs de l'Évangile. A une dame qui était allée me réclamer à la sûreté générale, un délégué de la Commune répondit un jour : « Que ne reste-t-il en Chine ? « Pourquoi revient-il dans ce pays ? »

Le mercredi 24 mai, la lutte entre les fédérés et l'armée régulière était bien vive.

Les incendies de certains monuments projetaient dans l'air des nuages de fumée si épaisse que les rayons du soleil en étaient obscurcis et qu'on aurait dit, dans nos cellules, une véritable éclipse.

Le bruit du combat se rapprochait de nous. Les armées étaient de plus en plus aux prises. Notre cœur palpitait d'émotion. Quelle situation que la nôtre ! Nos amis ignoraient le péril immense que nous courions. Ils ne savaient même pas que nous étions à la Roquette.

A notre entrevue commune du matin, il me sembla lire sur la plupart des figures une lueur d'espérance. Le bon abbé Allard, s'approchant de moi, me dit : « Dans deux jours nous serons délivrés !

— Délivrés ? bien-aimé Confrère, distinguons. Des misères et des angoisses de la vie, très-probablement oui ; mis en liberté ? je ne partage pas encore vos illusions si douces. »

Ce bon prêtre me regarda avec un sourire d'incrédulité. Il est de fait qu'à la récréation du midi, dans le préau, la grande majorité des otages nourrissait l'espoir d'une prochaine délivrance. La sérénité sur les figures était plus sensible, l'épanchement des cœurs plus touchant que la veille encore. Je passai quelques instants avec Mgr l'Archevêque, dont l'état de souffrance s'était accru. Car ce Prélat, outre son extrême faiblesse, ses digestions laborieuses, se trouvait atteint d'un commencement de dyssenterie. Cependant sa force d'âme lui faisait surmonter ses douleurs pour se montrer confiant, aimable, gracieux à tous.

Je me promenai ensuite quelques instants avec M. Deguerry, dont le calme parfait excitait au plus haut degré mon admiration. J'en étais si frappé que j'en faisais la remarque à d'autres confrères.

Assurément, ce vénérable Curé connaissait parfaitemeut la situation ; une grande énergie de caractère, jointe à la foi vive et simple du bon prêtre, lui faisait surmonter les émotions et les craintes de la nature.

On avait amené de l'ambulance du Jardin des Plantes une centaine de soldats en convalescence, qui avaient refusé de prendre les armes sous la Commune. Ces braves soldats se promenaient dans un préau qu'une grille séparait du nôtre. Un bon nombre d'entre eux demeuraient là appuyés contre la grille, contemplant tous ces otages ecclésiastiques. M. Deguerry s'avança près de la grille et leur adressa ces mots :

« Mes amis, j'aime beaucoup les soldats. J'ai été autrefois aumônier dans la garde royale. Avez-vous connu le duc de Malakoff? Eh bien, c'était mon ami intime. Soyez braves et fidèles à vos devoirs, mes amis, et Dieu vous bénira. » Ces bons soldats ont dû être frappés du ton avec lequel M. le curé de la Madeleine leur adressa ces paroles.

J'allai ensuite saluer M. Bonjean, qui était fort souffrant ce jour-là. Il passa toute sa récréation, assis sur le bord de l'une des guérites du premier préau. L'ancien président avait une hernie ; son bandange était rompu, il avait de la peine à marcher. Depuis son arrivée à la Roquette, il avait à peine pris quelque nourriture. Je conversai avec lui pendant plus d'une demi-heure. Sa conversation était pleine d'intérêt ; son calme et sa résignation admirables. C'était la dernière fois qu'il paraissait en ce lieu. Il ne semblait nullement s'en douter. Au moment où le surveillant nous fit signe que l'heure de la récréation était terminée, j'entendais la plupart de mes collègues manifester la joie, la consolation que leur procurait cette entrevue. *Frater adjutus a fratre quasi turris firmissima.* C'est sous cette douce impression que chacun regagna sa cellule.

Les membres de la Commune devaient

être alors dans une étrange perplexité. Ils s'étaient follement imaginé que l'armée régulière allait perdre son temps à prendre en face barricade par barricade. Ces jeunes insensés de la Commune croyaient à une défense qui pouvait durer plusieurs mois. En trois jours seulement, tous leurs plans se trouvaient ruinés. Ils étaient poursuivis, chassés, délogés avec tant d'énergie et d'ensemble que le désarroi se mit davantage parmi eux. La fameuse assemblée se transporta dans la mairie du XIe arrondissement, que l'on avait fortifiée d'une manière formidable ; c'était son dernier retranchement. Le soir, je montai sur ma fenêtre ; de tous côtés, j'apercevais les édifices, les monuments en feu.

De cette mairie du XIe, la Commune expirante rendit un ordre des plus sanguinaires (1). Elle lança un ordre de massacrer immédiatement 68 otages, surtout les prêtres, parce que, disait le mandat, les *bandits de*

---

(1) Nous tenons ces détails de la bouche même d'un homme des plus honorables, qui nous en a garanti l'authenticité : M. Puymoyen, administrateur du bureau de bienfaisance du XIe arrondissement, et connu dans tout ce quartier-là.

Versailles (style communeux) auraient tué quelques officiers de la Commune pris à la barricade de la rue Caumartin.

Le greffier de la Roquette, en recevant ce mandat des mains d'un citoyen aviné, fut frappé de consternation. Il prit adroitement la parole : « Voilà un ordre, citoyen. C'est fort bien ! On a mis à mort, dit-on, quelques prisonniers de la Commune à la barricade de la rue Caumartin. C'est déplorable, assurément, mais il doit y avoir ici une erreur de l'écrivain du mandat. On ne peut ordonner l'exécution de 68 otages pour deux ou trois victimes. Je suppose que c'est 5 ou 6 au plus que l'on a voulu dire. Retournez donc à la Commune faire rectifier cette erreur. »

Le mandat portait, en outre, que toute cette affreuse besogne fût exécutée à six heures précises de ce même soir. L'officier de la Commune, calmé par les paroles du greffier, revint quelque temps après avec un mandat corrigé. On réclamait cette fois l'exécution de six otages, choisis parmi les prêtres. Sur la liste, le nom de M. Bonjean se trouvait porté. « Ah ! fit le greffier, voilà encore une « erreur ! Il convient que les choses se fassent « en règle. Retournez donc à la Commune.

« Il y a le nom de ce laïque à supprimer et « celui de deux ou trois otages encore. » L'officier fut inflexible ; aucune parole ne put le persuader de faire cette démarche. Le nombre des victimes se trouva donc fixé à six. C'est ainsi qu'au lieu de six heures du soir, l'exécution se trouva forcément retardée de deux heures.

Vers huit heures du soir, ce mercredi, 24 mai, le corridor de notre IVe division fut envahi par un détachement de fédérés. Ce détachement était composé de Vengeurs de la Commune et de soldats de différentes armes. Leur chef était un nommé Viricq (Jean), d'environ trente-six ans, habitant du quartier de la Roquette. Ce misérable laissait traîner son bancal avec fracas sur le pavé, en envahissant notre corridor. Il parlait très-haut. Son arrivée et celle de ses séides causèrent, j'en suis persuadé, une grande émotion dans la cellule de tous les prisonniers. « Oui, criait-il, il faut enfin que tout cela finisse. C'est horrible ! » Il achevait ces paroles de cannibale en passant devant ma cellule. Un de ceux qui le suivaient prononça alors ces mots sauvages : « Ah ! cette fois, nous allons les coucher ! » Je m'étais approché de la porte pour suivre le mouvement. Ces dernières paroles me glacèrent d'effroi. Je me jetai aussitôt à genoux sur ma paillasse pour offrir ma vie à Dieu. Cette horde de barbares continua sa marche jusqu'à l'extrémité du corridor. Là quelqu'un d'entre eux cria : « At-« tention, citoyens, répondez à l'appel de vos « noms. » Un gardien ouvrit la cellule n° 22. « Êtes-vous le citoyen Darboy ? — Non, » fit le détenu. C'était M. l'abbé Guerrin, qui, par un mouvement involontaire, saisit la liste que l'un d'eux portait à la main. On ne lui laissa que le temps de voir les premiers noms. « Citoyen Darboy ! » Monseigneur, dit-on, répondit d'une voix accentuée ! : « Présent » Sa cellule fut ouverte. Le prélat sortit et se trouva en face de ces monstres humains. La disposition du lieu, jointe à l'obscurité de la nuit, ne permettait à personne de voir ce qui se passait dans ce corridor. L'appel fut continué cinq fois de la même manière. J'entendis distinctement la réponse de M. l'abbé Allard. Les six premières victimes sont connues :

Mgr Darboy, archevêque de Paris ;

M. Deguerry, curé de la Madeleine ;

M. Bonjean, premier président ;

Le P. Ducoudray, supérieur de l'institution Sainte-Geneviève, de la rue des Postes ;

Le P. Clerc, de la même maison ;

L'abbé Allard, aumônier des ambulances.

Brutalement enlevées à cette heure, comme si les bourreaux avaient redouté la lumière du jour pour exécuter leur forfait, ces illustres victimes furent aussitôt conduites par le petit escalier tournant, qui mène au préau où nous prenions nos récréations. Que se passa-t-il entre ces victimes innocentes et ces farouches sauvages, « fruits mûrs de notre civilisation païenne du dix-neuvième siècle» ? Quelles paroles furent échangées ? Les bourreaux survivants, ainsi que deux gardiens de la Roquette, peuvent seuls nous le révéler. J'ignore si leurs aveux ont été recueillis et publiés. Dans la cour de l'infirmerie, on fut obligé, paraît-il, de faire un séjour de huit ou dix minutes. On n'avait pas les clefs de la porte du chemin de ronde. Il fallut forcer les serrures et les verrous. Il est bien probable que, durant ce temps, des paroles ont été échangées entre les victimes et cette infâme bande de sicaires. On pressent quelles durent être ces paroles. Les injures les plus grossières ont dû être prodiguées aux victimes, car cette troupe de scélérats n'était pas à jeun. Deux infirmiers de la Roquette ont pu voir le cortége durant quelques instants. Ce sont eux qui m'ont affirmé à moi-même, avant mon évasion définitive de la Roquette, que les victimes étaient abreuvées des injures les plus grossières.

Ce serait alors, dans le préau, que l'un de ces scélérats aurait dit à Mgr Darboy : « Pourquoi n'avez-vous rien fait pour la Commune ? »

En leur adressant la parole, avec la plus grande mansuétude, Monseigneur ne se servait jamais que de ce mot : « mon ami. » Le prélat manifesta son horreur pour la guerre civile, attribua à sa dure détention de n'avoir fait davantage pour la paix. Les paroles de l'Archevêque étaient prononcées avec tant de fermeté qu'un des officiers de cette bande féroce en aurait été touché, paraît-il. Car, après que Monseigneur eut cessé de parler, ce misérable aurait prononcé, en s'adressant aux siens, à peu près ces paroles : « Eh ! oui, f....! il a raison; nous avons reçu le mandat de les exécuter, nous ne devons pas les insulter, f....! taisez-vous. Demain, la même chose nous arrivera peut-être, à nous aussi. »

On présume que cet endroit du préau avait été choisi d'abord pour le lieu de l'exécution. On remarqua entre les bourreaux un peu d'hésitation ; il y eut un instant de délibération entre les chefs et le brigadier Ramain. Cet endroit était sous les fenêtres de l'infirmerie, et des infirmiers étaient en effet placés à ces fenêtres, d'où ils virent distinctement et entendirent de même les paroles que nous venons de rapporter.

A peine cette bande de cannibales eut-elle disparu de notre corridor avec les victimes, que je me levai pour prier, en m'appuyant sur ma fenêtre qui était ouverte. Dix minutes, un quart d'heure environ s'était à peine écoulé, que le cortége arrive sous ma fenêtre. Je tressaillis à cette vue. Je m'inclinai aussitôt, après avoir donné, toutefois, en élevant la main, une absolution à ces victimes. Le brigadier marchait en tête, les mains dans ses poches. Derrière lui, les victimes étaient entourées par les soldats marchant dans une espèce de désordre.

Mgr l'archevêque donnait le bras à M. Bonjean ; M. Deguerry donnait le sien au P.

Ducoudray ; le P. Clerc et M. Allard venaient en dernier lieu. Ce dernier portait son brassard d'aumônier et tous les autres insignes ; sa gourde et d'autres étuis, renfermant probablement ses papiers, étaient suspendus à sa ceinture ; il était, en un mot, tel que je l'avais vu le soir de son arrivée à la préfecture de police. En passant devant ma fenêtre, il levait les yeux et les mains au ciel de la manière la plus affectueuse, et disait très-haut : *Mon Dieu ! mon Dieu !* J'ai cru remarquer que le chef de la bande terminait le cortége, son bancal traînait à terre. C'était toujours Viricq, cap. du 180e fédéré de Belleville.

Où conduisait-on ces victimes ? Je l'ignorais. Je ne prévoyais même pas que j'aurais sous les yeux ce douloureux spectacle.

Deux ou trois gardiens suivaient le cortége. L'un d'eux se nomme Jeannard. On a su par ces témoins que les victimes s'encourageaient mutuellement avec beaucoup d'entrain au suprême combat de la vie. A un moment donné, Mgr l'archevêque se serait tourné vers les autres victimes et leur aurait donné à tous sa bénédiction. L'un des gardiens, probablement ému de cette scène touchante, qui ne se voit que dans l'arène où succombent les martyrs de Jésus-Christ, aurait alors abandonné le cortége pour rentrer dans la prison.

Un autre surveillant s'avança un peu dans le second chemin de ronde, se tenant toutefois à distance. Arrivées à l'angle du second mur d'enceinte, à l'endroit même où l'exécution allait avoir lieu, les victimes se seraient mises à genoux pendant quelques secondes. Quelle prière ! — Ce surveillant n'aurait pas eu la force d'aller plus loin, il se serait retiré à la hâte. Placées environ à deux mètres de distance du mur, sur une même ligne, ainsi que cela paraît visible par les balles qui atteignirent le mur, les victimes tombèrent bientôt sous un feu de file en désordre. Un bon nombre d'otages de notre corridor entendirent distinctement cet horrible massacre. Il était environ huit heures et demie du soir.

Quel silence dans notre corridor ! On respirait à peine. Chacun de mes bien-aimés frères en Jésus-Christ pensait sans doute, comme moi, que notre dernière heure était arrivée; que, dans quelques instants, cette horde de barbares allait rentrer à la prison et faire un nouvel appel. Prosterné sur ma couche, je récitais les psaumes de la pénitence, puis les prières de la recommandation de l'âme. De temps à autre, je m'avançais une minute à la fenêtre pour observer ce qui se passait. Je recommençais les mêmes prières.

Entre onze heures et minuit, un nouveau bruit se fait entendre dans l'escalier. Je me levai prêt à partir au premier signal. Dieu me faisait une grâce insigne, celle de posséder mon âme en paix et d'être parfaitement calme. Si j'avais pu avoir un seul regret, c'eût été celui de ne pouvoir communier en viatique. Notre Seigneur avait ainsi disposé notre captivité. J'acceptais la privation imposée, comme une portion, en quelque sorte, du calice que nous avions à boire.

Quelques-uns de ces sicaires, accompagnés sans doute de surveillants, remontèrent à notre étage pour enlever les effets de leurs victimes. Les oreilles étaient en suspens. Ces brigands se retirèrent peu d'instants après.

Le directeur de la prison ou l'un des brigadiers revint au bout d'une demi-heure. Ce fut encore le moment d'une nouvelle émotion. On fermait les portes et les grilles des avenues. J'entendis distinctement ces paroles: « S'ils reviennent, je vous défends d'ouvrir.» C'est alors que je compris que cet ordre devait venir du directeur de la Roquette.

Toute nouvelle exécution était donc suspendue, au moins durant cette nuit. Mes pensées prirent aussitôt une autre direction. Je voulus converser par la fenêtre un instant avec mon cher confrère; mais sa lassitude, causée par l'émotion de la scène récente, était si grande qu'il avait dû se jeter sur sa couchette.

Je continuai à prier, en invoquant les nouveaux martyrs de Jésus-Christ avec l'accent de la plus vive confiance. « Oh! oui, ils sont bien martyrs, » disais-je, « mille fois plus martyrs que ceux des pays infidèles. » Dans ces pays-ci, on trouvera rarement les circonstances hideuses qui se rencontraient dans cette exécution! « Et voilà, » répétais-je, « où mène notre brillante civilisation, dont on a voulu chasser Dieu et sa doctrine divine. » Je songeais à l'immense et douloureuse impression qu'allait produire à Paris d'abord et puis dans toute la France la nouvelle épouvantable de cet exécrable forfait. Plein de ces pensées, l'aube du jour paraissant déjà, je tombai sur ma couche pour prendre un peu de repos. Mes lèvres murmuraient ces paroles : « Oh ! chers martyrs de Jésus-Christ, priez pour moi ! surtout pour notre malheureuse France ! »

Depuis mon entrée à la Roquette, je n'avais pas quitté mes vêtements pendant la nuit. Je prenais à peine un peu de repos vers le matin. Accablé par les émotions de cette nuit douloureuse où je venais de voir l'Archevêque de Paris et avec lui d'autres illustres victimes conduits au supplice, je tombai sur ma couche vers quatre heures du matin. Durant cette espèce de sommeil, mon esprit ne cessa pas d'être tantôt avec ces lâches assassins de la Commune, tantôt avec les innocentes victimes qui venaient d'être immolées. Je m'éveillais en disant : *Beati qui lavant stolas suas in sanguine Agni*. Mais au signal du lever, le matin, dans notre étage, c'était un calme profond, ce calme que vous avez vu dans la campagne après un violent orage. Tout dans la nature semble à peine oser respirer. C'est le silence de la mort.

Vers sept heures du matin, le jeudi 25 mai, j'entends les pas de deux ou trois surveillants qui franchissent notre corridor. Ils gardent le silence en marchant. Au côté opposé à ma cellule, une cellule s'ouvre. Je ne puis distinguer les paroles échangées avec le prisonnier. Mon œil demeura fixé au vasistas de la porte. Après quelques minutes seulement, je vois repasser devant ma porte les mêmes employés de la prison accompagnant un otage. C'était le banquier du Mexique, M. Jecker. Il est probable qu'on l'invita tout simplement à se rendre au greffe, sans autre explication ; le banquier n'a plus reparu. Il a été certainement exécuté ; mais je ne sais aucun détail ni sur le lieu, ni sur ses derniers moments. Hier mercredi, durant la récréation, j'avais causé pendant une dizaine de minutes avec M. Jecker. C'est en allant à l'ex-préfecture de police demander un passe-port qu'il avait été arrêté. Ce banquier était singulièrement gêné au milieu de nous ; il m'a paru fort peu communicatif.

Je n'ai pas besoin, mon cher ami, de vous dire les sentiments qui animaient les otages à la première entrevue commune qui suivit le martyre de Mgr Darboy et de ses compagnons (1). Vous avez suivi, par ma relation,

---

(1) Si nous employons le terme de martyr

ce drame si singulier de notre captivité. Chacun s'empressa auprès de messieurs les vicaires généraux de Mgr l'archevêque. Mgr Surat était calme, mais très-affecté au fond du cœur. Il était frappé surtout de la destinée des archevêques de Paris. En un demi-siècle, quatre d'entre eux mouraient d'une mort tragique. Il raconta en ma présence ces détails, et se plaisait à les répéter devant nos compagnons de captivité, qui venaient successivement s'entretenir avec lui. Je ne sais si je me trompe, mais j'ai cru remarquer que le moral de ce digne vicaire général en avait reçu une profonde atteinte. A son âge et dans notre situation à tous, rien de plus facile à concevoir. Mgr Surat passa la plus grande partie de cette récréation assis dans une guérite du préau. Tous les otages se promènent par petits groupes, passant des uns aux autres. Mais les figures sont moins épanouies que le jour précédent. On lit sur chacune

---

dans le cours de ce récit, c'est d'une manière *purement honorifique*. Missionnaire apostolique, nous sommes soumis d'esprit et de cœur aux décrets de la sainte Église, notamment aux constitutions d'Urbain VIII sur cette matière.

d'elles l'empreinte d'un recueillement tout céleste. Chacun se disait sans doute : « Demain, je ne serai probablement pas ici. »

Durant cette récréation, quelques-uns des otages proposèrent de faire un vœu en commun. Ce pieux projet fut accepté avec empressement par chacun de nous. M. l'abbé Petit, secrétaire général de l'archevêché, rédigera une feuille commémorative de ce vœu, si nous échappons à la fureur de nos ennemis. L'heure de la récréation terminée, on se salue mutuellement, avec l'intime conviction qu'un bon nombre d'entre nous ne se reverraient plus ici-bas. C'était bien là le cas de dire le *Morituri salutant se invicem*. C'est dans une arène glorieuse que nous étions destinés à succomber.

La journée du jeudi s'achève dans le calme à l'intérieur. Mais l'acharnement de la lutte entre les insurgés et l'armée régulière devenait de plus en plus vif. La mairie du XIe était cernée et attaquée avec une grande vigueur. La fusillade ne cessait pas. La détonation ressemblait à celle d'une poudrière qui éclate. Les incendies se manifestaient dans toutes les directions de la ville. Je montais de temps en temps sur ma fenêtre, pour chercher â suivre la marche de l'armée, le plan d'attaque contre les fédérés. Mais je ne pouvais rien discerner. Le soir, je récitai, avec le bon P. Houillon, les psaumes de la pénitence et les prières de la recommandation de l'âme.

A la nuit tombante, je remarquai des allées et des venues de soldats fédérés, dans le préau qui est sous mes fenêtres. Cela me semblait un signe de mauvais augure pour la nuit qui allait commencer. Il me parut même que les postes avaient été doublés. J'avais apporté de Mazas deux bougies. J'en allumai une, tout en disposant les choses de manière que la lumière ne fût pas trop visible du dehors. Le silence continuant à être profond dans la maison jusqu'à deux heures du matin, j'en conclus que nulle exécution n'aurait lieu avant le jour. J'éteignis alors ma bougie. La pensée des six martyrs de la veille ne me quittait plus. Je songeais à leur auréole. Il y a quelques mois, ces six otages étaient bien loin de se douter que la gloire du martyre couronnerait leur carrière. *Non pœna sed causa facit martyrem,* Dans la pensée de nos bourreaux, Dieu n'existe pas. Ce seul nom adorable provoque sur leurs lèvres des torrents de blasphèmes et les hideux sarcasmes de Voltaire. Ils veulent, disent-ils, enseigner l'athéisme par la science et convertir nos temples catholiques en temples d'athées.

Ils nous haïssent, à cause de notre caractère sacré, de toute la haine dont le démon seul est capable. *Nous voulons*, me disait un jour l'un des membres de la Commune, « le « plus d'otages possible parmi les prêtres. » Ces monstres de l'humanité ont dû répéter bien des fois, je l'imagine, ce mot tristement célèbre d'un empereur romain : « Que n'ont-ils « une seule tête et que ne puis-je l'abattre « d'un seul coup ! ». J'ai vu mettre à mort bien des néophytes dans l'Orient. Personne dans le pays n'hésite à les regarder comme de véritables martyrs de Jésus-Christ. Les victimes de la Commune sont, à mes yeux, encore plus dignes de ce titre.

Il est certain, mon cher ami, que, le vendredi matin, je m'étonnais d'être encore en vie. Je me demandais si mon existence était bien une réalité. Je suis peruadé que ce sentiment étrange était celui de la plupart d'entre nous. Au fond, nous avions raison de penser ainsi. Car, d'après certains surveillants de la prison, voici quelle fut la cause pour laquelle il n'y eut pas de victimes dans la journée du jeudi. On dit que le membre de la Commune chargé d'apporter au directeur de la Roquette l'ordre d'une nouvelle exécution n'aurait pu parvenir jusqu'à la prison, à cause des mouvements stratégiques de l'armée, qui investissait de plus en plus le dernier retranchement de la Commune. Ce qui est de notoriété publique, c'est que les provisions ordinaires de bouche n'ont pu parvenir à la Roquette ce matin. On a été obligé de prendre le pain chez les boulangers les plus voisins de la prison.

Ce délai donnait une lueur d'espérance de salut. On sentait l'approche de l'armée ; on était tout oreilles au bruit des détonations, comme pour suivre le progrès de la défaite de la Commune. Mais aussi personne ne se dissimulait que nous ne fussions de plus en plus entre deux feux. Quelques bombes des fédérés, qui avaient dressé des batteries au Père-Lachaise, tombèrent sur la prison de la Roquette. Au lieu de causer de la frayeur, selon la coutume, cet accident causa à tous une véritable joie. Plusieurs prisonniers faisaient déjà leurs petits préparatifs de départ. Car ils supposaient que, les obus continuant à tomber sur l'établissement, on ferait nécessairement ouvrir les portes. On assurait que le directeur de la maison (1) avait tout disposé pour sa propre fuite, dès que le moment serait venu. Cela ne causait d'étonnement à personne.

Le temps était à la pluie le vendredi 26 mai. On ne nous conduisit point dans le préau de la promenade. Les grilles, qui sont aux extrémités du corridor, furent fermées. On nous permit de sortir et de nous promener dans ce corridor. Chacun souffrait de la faim. Notre sentence de mort nous pressait davantage de minute en minute. Le bombardement qui avait lieu depuis le cimetière du Père-Lachaise causant un certain désarroi dans la prison, on nous laissa plus longtemps ensemble dans ce couloir. J'en tirais, du reste, un présage de sinistre augure ; car j'avais remarqué, le mercredi, qu'après nous

---

(1) Ce triste jeune homme, âgé de vingt-huit ans, du nom de François (qu'il ne faut pas confondre avec Lefrançais, membre de la Commune), s'est vanté quelquefois, dit-on, auprès des détenus, d'avoir *tiré* (expression propre des condamnés) *six ans de galère*.

avoir fait remonter du préau dans notre étage, on nous avait laissés libres de rentrer dans nos cellules ou de continuer la récréation dans le corridor. Quelques autres otages ont eu le même pressentiment et me l'ont manifesté ce jour-là.

Vers cinq heures et demie environ, on vit tout à coup arriver dans notre étage le brigadier Ramain (homme vendu à la Commune et dont l'hypocrisie mérite d'être stigmatisée); il tenait une liste à la main et s'avança jusqu'au milieu du corridor où le manque de deux cellules du côté gauche laisse un plus grand espace vide. Ce misérable brigadier avait l'air souriant! *Messieurs, faites attention; répondez à l'appel de vos noms. Il en faut quinze!!!* Ce parole sauvage, *il en faut quinze,* fit courir un frisson dans toute l'assemblée. Cette séide de la Commune commença son appel. Les nouvelles victimes répondent avec calme: *Présent.* On les range en cercle au fur et à mesure que leur nom est proclamé. Le brigadier ne put lire le nom du P. de Bengy, qui s'approcha de lui et, reconnaissant son nom, répondit sans s'émouvoir: *Présent.* Il compta, à deux reprises, les dix premières victimes. Puis il cria: *Il en faut encore cinq.*

Cinq noms furent encore proclamés. L'un de ces otages, un père de Picpus, demanda la permission de prendre son chapeau. « *Cela n'est pas nécessaire*, reprit le brigadier; vous allez descendre au greffe. Suivez-moi. »

Voici les noms de ces nouvelles victimes :

Dix ecclésiastiques :

Le P. Olivaint, supérieur des jésuites de la rue de Sèvres ;

Le P. Caubert, jésuite de la même maison ;

Le P. de Bengy, jésuite, aumônier de l'armée ;

M. Planchat, aumônier de l'Œuvre des patronages ;

Le P. Ladislas Radigue, prieur de la maison de Picpus ;

Le P. Marcellin Rouchouze, secrétaire général de Picpus ;

Le P. Polycarpe Truffier, procureur général de Picpus ;

Le P. Frézal Tardieu, membre du conseil de Picpus ;

M. l'abbé Sabattier, vicaire de Notre-Dame de Lorette ;

M. l'abbé Paul Seigneret, séminariste de Saint-Sulpice ;

Cinq laïques, savoir : M. Derest, ancien officier de paix ; M. Largillière ; M. Moreau, et deux autres dont les noms m'échappent.

A ces otages de notre division, il faut ajouter « 35 à 40 gendarmes ou soldats de différentes armes », qui se trouvaient, je crois, à la 2e division de la Roquette. J'avais vu plusieurs fois ces braves soldats, qui n'avaient jamais voulu servir la Commune. Ils me saluaient respectueusement depuis le préau. On les fit sortir de leurs cellules en même temps que les quinze otages de notre 4e division. Cette horrible hécatombe me navrait l'âme de douleur. Je voudrais pouvoir vous donner les noms de ces victimes, ou mieux de ces martyrs du devoir et de l'honnêteté, mais je ne les ai jamais sus. Je pense que le gouvernement de Versailles les publiera dans le *Journal officiel*.

Cette manière d'enlever les victimes n'est-elle pas étrange ? Selon toute apparence, l'heure suprême de tous les otages semblait arrivée. Chacun se tint prêt pour le prochain appel, que l'on supposait avoir lieu dans la soirée même. La privation de nourriture, qui nous avait été imposée en ce jour, était encore pour nous un autre indice de notre fin prochaine. Je supposais qu'après l'inscription de leur nom au greffe, on conduisait nos quinze victimes à la mort par le même préau que la première fois, et que l'exécution aurait lieu au même endroit. Je désirais vivement voir ces nouveaux martyrs, se rendant au lieu du dernier combat. Dans ce but, je demeurai continuellement appuyé sur ma fenêtre, priant en commun avec M. Houillon ou conversant avec lui des choses de Dieu, de la Patrie céleste. Nous touchions dans notre estimation au port de l'éternité. « Croyez-« vous, » me demandait de temps en temps ce pieux confrère, « que je serai martyr? » Quelle grâce la bonté divine nous accordait! Nous parlions de notre dernière heure pour nous féliciter d'arriver au terme de la vie, en mêlant notre sang à celui de l'Agneau sans tache et pardonnant d'avance aux misérables, si dignes de compassion, qui acceptaient l'odieuse mission de verser le sang innocent.

Parce que la journée du jeudi saint s'était écoulée sans autre exécution que celle de M. Jecker, un bon nombre d'otages eurent la même pensée que nous. « Peut-être, disions-

« nous, le sang des six premières victimes,
« celui du pasteur de ce vaste diocèse, est-il
« un holocauste qui va mettre fin aux horreurs
« dont nous sommes les témoins ! Peut-être la
« justice divine va-t-elle intervenir d'une ma-
« nière visible, pour faire cesser cet affreux
« drame, qui met en péril non-seulement la
« France, mais l'Europe tout entière. »

Je cherchais, par moments, à deviner quel pouvait être le calcul de l'*ordonnateur* de ces massacres, quant au choix des victimes. J'étais le troisième sur la liste des otages transférés à la Roquette ! Comment avais-je été oublié dans le premier et le deuxième appel ? Pourquoi ce choix de victimes ? Ces dernières me semblaient surtout remarquables. On eût dit que nos bourreaux, dans leur fureur démoniaque, — car vous ne doutez pas plus que moi que c'est surtout de ces hommes altérés de sang innocent, de meurtres, de pillage, d'incendies, de ruines, de destructions, qu'il convient de dire : *Introivit in eum Satanas* (Saint Jean, XIII), « Le démon prit possession d'enx ; » — ces hommes, dis-je, avaient su choisir, avec un *discernement parfait*, les plus belles et les plus pures victimes. Jugez en vous-même, mon cher ami, par cette revue sommaire ! Le P. Olivaint était connu de tous par sa piété éminente, sa grandeur d'âme et sa douce mansuétude. Le P. Caubert révélait une âme détachée de tout et intimement unie à Dieu, d'une modestie et d'une discrétion remarquables. Le P. de Bengy portait un grand cœur et faisait de grandes choses avec cette touchante simplicité que la foi seule peut faire paraître et que la noblesse du sang sait revêtir d'un éclat incontestable. La simplicité évangélique, une candeur d'agneau, semblaient le partage de ces quatre excellents Pères de Picpus, qui s'étaient fait aimer et admirer de tous. Un esprit d'abnégation incomparable avait porté le bon abbé Planchat à se livrer volontairement otage pour l'un de ses confrères absents. Cette douceur et cette piété, qui brillaient sur sa figure, l'avaient, dès son enfance, fait surnommer par ses condisciples le *Petit saint Vincent de Paul*. Sa vénérable mère le visitait à Mazas. « Elle exhortait, « avec une véhémence incroyable, son fils au « martyre et tremblait que cette couronne ne « lui échappât. » Où sont les mères de cette trempe ?

J'ai eu des rapports peu intimes avec

M. Sabattier, vicaire de Notre-Dame-de-Lorette. Je suis persuadé que ses amis doivent l'avoir en grande estime pour son aimable piété et sa modeste douceur. Mais, mon cher ami, cet *Ange de Saint-Sulpice!* Quelle candeur! Que son âme devait être pure! Quelle modestie! Il venait s'asseoir sur ma couche et me parler du martyre de nos néophytes chinois. Il osait à peine me dire, tant il était modeste, que son bonheur d'être *ici* était au comble. Ce bon séminariste ne devait, durant son sommeil, que rêver du martyre! Félicitons la famille de M. Paul Seigneret, qui demeure dans notre Franche-Comté. Dans l'ensemble de ces victimes, mon cher ami, on trouve la réunion de toutes les vertus sacerdotales et apostoliques à un degré éminent. En me repliant sur moi-même, je n'avais, hélas! que trop lieu de comprendre pourquoi j'étais laissé au dernier rang.

A minuit, tout était calme dans le préau de la maison. On ne voyait aucune apparence que *nos derniers élus* fussent conduits au même lieu d'exécution que Mgr Darboy. Le bon P. Houillon sentit le besoin de prendre un peu de repos et me laissa seul faire sentinelle Vers trois heures du matin, je suivais les pas d'un soldat en faction sous ma fenêtre. Je crus remarquer qu'il avait des guêtres blanches; puis il me sembla qu'il portait un pantalon rouge. Ce serait donc un soldat de l'armée régulière; je fus pendant près d'une heure le jouet de cette illusion des yeux.

Le samedi matin, 27 mai, dès notre première entrevue, la sollicitude de chacun était de savoir le lieu où nos *chères victimes* de la veille avaient été immolées. On éprouvait un regret, celui de n'avoir pas été témoin de leur dernière heure. La créance commune fut alors qu'elles avaient été conduites au cimetière du Père-Lachaise, ce lieu étant l'un des derniers retranchements de la Commune agonisante. Depuis cet endroit, les artilleurs de la Commune, avec leurs bombes et leurs obus, incendiaient avec une rage infernale le plus qu'ils pouvaient d'édifices. Aucune espèce de vivres ne put pénétrer encore ce matin dans la prison. On nous laissa nos restes de pain de la veille, en y ajoutant une faible portion de pain plus frais.

A la récréation du midi qui eut lieu dans le corridor, à cause du mauvais temps, la figure des otages offrait un singulier contraste. L'espérance semblait renaître dans les cœurs; mais elle était tempérée par un sentiment de tristesse profonde, celui *d'être séparé de nos chères victimes de la veille!* On se réunissait par groupes moins nombreux que les jours précédents. Il y avait un vague pressentiment dans les esprits, assez sensible pour être remarqué, mais pas assez défini pour en tirer des conjectures. On passait plus souvent d'un groupe à l'autre par suite de cette vague impression, qui causait une espèce de malaise à tous les otages. On se sentait, en un mot, à la veille d'un dénoûment.

Qui avait signé le décret d'exécution de tous ces otages? Qui veillait à l'exécution du décret sanguinaire? car vous savez que les membres de la Commune se suspectent les uns les autres, se menacent mutuellement, et que plus de la moitié ont été successivement écroués à Mazas ou ailleurs par leurs propres collègues. Ce qui est certain, c'est que, dans l'après-midi de ce samedi, le citoyen Ferré, un des monstres de la Commune, en dernier lieu *Délégué à la sûreté générale*, était venu se réfugier à la Roquette, soit pour s'y mettre lui-même en sûreté, soit pour donner des ordres.

Une grande fermentation régnait parmi les condamnés et autres repris de justice de la Roquette. La situation exceptionnelle de la dernière semaine, quelques nouvelles venues du dehors, non moins que l'instinct propre de ces condamnés, leur avaient fait connaître à tous le véritable état des choses dans Paris. Tous ces misérables, les uns par opinion, les autres par le désir légitime de recouvrer la liberté, devaient aspirer à la possibilité de crier : *Vive la Commune*! Ils avaient disposé entre eux tout un système de défense et divers moyens d'évasion de leurs cellules.

Vers trois heures de l'après-midi, un bruit extraordinaire se fait entendre. C'étaient les fédérés qui venaient envahir la Roquette. On leur opposa depuis l'intérieur une vive résistance, craignant un massacre général. Les condamnés de la Roquette, au nombre de quatre à cinq cents, avaient quitté leurs cellules et s'étaient réunis dans une cour de la maison, armés les uns d'instruments, les autres de tranchants, celui-ci d'une barre de fer, celui-là d'un marteau, etc. En descendant dans le préau, ils avaient jeté à travers la grille de notre étage quelques limes et quelques tranchants aux deux jeunes condamnés qui faisaient le service de domestiques dans notre division. Le plus jeune avait saisi avec rapidité ces instruments et semblait plus au courant des projets que son collègue.

Le bruit des coups redoublait de minute en minute. Notre surveillant s'efforçait de nous rassurer contre le danger prochain. Puis il exigea que chacun reprît le chemin de sa cellule. « Mais, lui disaient quelques otages, cela est horrible ; vous n'y songez pas, au lieu de nous fusiller, ils vont nous éventrer cruellement les uns après les autres dans nos cellules. Ce genre de mort nous inspire encore plus d'horreur. — Non, messieurs, ne craignez rien. » Le plus jeune de nos domestiques était en proie à une exaltation mentale extraordinaire.

Il tenait à la main deux tranchants et quelques grosses limes. Plusieurs des otages s'approchèrent de lui et l'exhortèrent au calme avec les paroles les plus bienveillantes. Notre surveillant, de son côté, protestait qu'il n'ouvrirait pas les grilles. Il était seul. Dans notre étage, nous ne savions encore au juste en quel sens s'accomplissait l'invasion de la prison. Pouvions-nous nous confier à ces deux domestiques de notre division ! Je craignais une lutte imminente entre le surveillant et les deux détenus.

Le tumulte était au comble dans le rez-de-chaussée de la prison. Notre surveillant exigea la rentrée dans les cellules. Je ne sais quelle fut l'impression de mes collègues ; pour moi, je ne doutais plus que notre dernière heure ne fût venue à tous. Sous le coup de la mort depuis la fin de notre captivité, mais surtout depuis notre séjour à la Roquette, nous avions fait trop souvent à Dieu l'offrande de notre vie pour que cet acte ne fût pas alors d'une douce et simple facilité. L'essentiel, en ce moment, disais-je à M. Houillon, est de bien posséder notre âme dans un grand calme et une paix profonde, afin de mieux faire face à tous les événements qui vont avoir lieu. On fit aussitôt et l'un à l'autre une dernière confession. Puis on se mit en prières.

Les fédérés, après avoir forcé la porte de la prison, n'eurent rien de plus pressé que d'accorder la liberté à tous les condamnés et autres repris de justice de cette maison, qui attendaient avec empressement leurs libérateurs. Mais il ne suffisait pas de crier : « Vive la Commune ! » il fallait la défendre dans sa suprême agonie. On fit donc passer ces criminels à la petite Roquette pour les armer et les conduire soit au Père-Lachaise, soit sur les barricades voisines.

Pendant cette opération, le Directeur, qui n'ignorait pas non plus l'approche des troupes de Versailles, se hâta de pourvoir à sa conversation personnelle, en se cachant dans la maison. Les principaux brigadiers, gens de la Commune, ne se sentaient pas moins compromis. Ils disparurent en un clin d'œil. La prison se trouva ainsi *ouverte et sans aucune direction*. C'est alors que le plus jeune des domestiques de notre étage, dont l'exaltation était si propre à nous causer du souci, ouvrit nos cellules avec une grande célérité, en nous criant à tue-tête : « Sauvez-vous, messieurs ! sauvez-vous, messieurs ! Partez vite, vite ; sortez vite ! allons, au plus vite ! »

En quittant avec précipitation leurs cellules, tous les otages se regardèrent avec une sorte de stupeur. On ne comprenait rien à ce drame émouvant. Il n'y avait pas de temps à perdre. « Partez vite, messieurs ! » criait d'une voix encore plus pressante notre jeune détenu ;

« sortez vite ! Emportez vos effets. Ils (les « fédérés) vont peut-être revenir ! »

Ce fut un « sauve-qui-peut ! » On se précipita dans la cour principale de la Roquette. Les gardiens nous montrèrent alors un dévouement dont chacun sentait vivement le prix. Que pouvions-nous sans eux? On se battait à une faible distance, dans toutes les directions, autour de la Roquette. Fuir à droite, fuir à gauche, le péril était le même. Les gardiens prêtèrent leurs vêtements civils à ceux d'entre nous qui n'en avaient pas. Tout cela fut l'affaire de quelques instants. Les otages disparaissaient ainsi successivement. — « Suivez le plus près possible M. Guerrin, » disais-je à mon cher compagnon de captivité, M. Houillon ; « plus leste que vous, il verra « le danger de loin et vous avertira à temps. « Quant à moi, mon infirmité me forcera à « marcher lentement. » — Je remontai une minute au 1er étage dans ma cellule. Quand je revins, la plupart des otages avaient disparu de la Roquette.

Un peu avant notre évasion, une scène des plus curieuses se passait à la 2e et 3e division. Il y avait là 82 otages, dont 10 ecclésiastiques. Les otages laïques étaient presque tous soit des militaires, prisonniers de guerre, soit des employés de la préfecture de police. Durant leur récréation, ces braves soldats avaient souvent discuté entre eux les moyens de salut pour le moment suprême. Ils connaissaient le danger de leur situation et n'étaient nullement d'avis de se laisser égorger par leurs maîtres actuels, s'il y avait moyen de se défendre. Ils voulaient, en tout cas, faire acheter chèrement leur vie. Voici le plan qu'ils arrêtèrent entre eux. Dans les derniers jours de la lutte, alors que le péril serait imminent, l'un d'eux demeurerait caché dans le préau jusqu'à la disparition des gardiens. Il remonterait secrètement à son étage et pourrait ainsi donner à propos le signal d'alarme, ouvrir les cellules des autres otages et mettre à exécution leur plan de défense. Ils avaient préalablement cherché et heureusement trouvé le moyen d'ouvrir ou de forcer la grille en fer qui ferme chaque corridor de la maison. Le vendredi, les obus pleuvant sur la prison ne leur permettaient plus de douter qu'avant quarante-huit heures tout ne fût fini d'une manière ou d'une autre. Les dernières dispositions de la défense furent arrêtées d'une voix unanime dans cette récréation.

Le samedi, 27 mai, le brave et généreux sergent-major au 1er des tirailleurs algériens, du nom de Félix Teyssier, se cacha, à la fin de la récréation, dans un tonneau vide, qui se trouvait dans le préau, je ne sais par quelles circonstances.

Félix Teyssier et M. Cuenot, chef de section des gardiens de la paix à la préfecture de police, étaient l'âme de tout le projet. Le premier demeura, environ deux heures, caché sous ce tonneau. Quand il eut la certitude morale que les surveillants n'étaient plus à portée de le voir, il sortit habilement, enjamba lestement l'escalier de ronde, ouvrit la grille et pénétra dans la 2e division. Aussitôt il tira le verrou de chaque porte : « Vite dehors ! » Les otages se rangent avec empressement autour de lui Le brave sergent donne les ordres, assigne à chacun sa besogne et son poste. Les minutes valaient de l'or dans cette triste conjoncture. Félix Teyssier monta à la 3e division pour organiser la défense sur le même pied que dans la 2e division, où M. Cuenot en demeurait chargé. Les ecclésiastiques prennent part aux préparatifs de la défense. Il s'agissait de se barricader si solidement que l'on pût résister pendant des heures entières et être sauvés par l'armée de Versailles. L'exécution du plan fut l'affaire de quelques instants. Une ardeur, un entrain, que l'on imagine facilement, animait au plus haut degré les otages. Tout marchait comme par enchantement. Les paillasses, les couvertures en laine, les meubles, tout est enlevé des cellules et admirablement disposé pour fermer les avenues et empêcher l'envahissement de l'étage.

En un clin d'œil, les briques du corridor sont enlevées par les otages et viennent soutenir les barricades. Les lits de fer sont brisés et servent de pieux, de lances. L'eau pour éteindre le feu est préparée. Une large ouverture est aussi pratiquée pour communiquer avec le deuxième étage, où l'on prend les mêmes dispositions. Les soldats veulent remettre aux ecclésiastiques les armes blanches, les seules dont on était pourvu, c'est-à-dire ces fragments de lits en fer. Par un sentiment de haute délicatesse, les prêtres déclarent qu'ils n'osent, à cause de leur caractère sacré, prendre les armes, mais qu'ils rendront d'autres services à la défense. Les fédérés avaient alors envahi la Roquette. Le sergent-major, devenu généralissime, avait pour toute arme à feu un revolver chargé de six à sept coups. Une fois les barricades organisées dans les deux divisions, les otages ne pouvaient plus communiquer entre eux. Cela était cependant nécessaire. Ils pratiquent aussitôt une large ouverture au plancher de la 3e division, et communiquent dès lors parfaitement entre eux.

Malgré ce système de défense, habilement conçu, plus habilement encore exécuté, chacun des otages comprenait la situation ; car on pouvait du haut des fenêtres voir les atroces fédérés. « Il y eut alors, » me disait le brave Teyssier, « un moment des plus solennels ; « je ne l'oublierai jamais de ma vie. Tous ces « prêtres nous avertissent du danger. Chacun « de nous fait sa confession sommaire. Puis, « tous ensemble, les prêtres élèvent les « mains sur nous pour nous bénir et absoudre « nos péchés ! Oh ! que c'était majestueux, « que c'était majestueux, mon Père ! Cela « fait, nous sentons un courage nouveau, « une force surhumaine, et nous voilà tout « entiers à la défense. » Les fédérés essayèrent, en effet, de forcer ces barricades, très-habilement et très-solidement construites, et d'y mettre le feu. La défense était si forte qu'ils n'en seraient venus à bout qu'après quelques heures. Redoutant d'être cernés eux-mêmes et faits prisonniers par l'armée de Versailles, qui enlevait comme par enchantement toutes les positions des insurgés, les fédérés se retirèrent en toute hâte, à la suite de criminels qu'ils venaient de libérer aux cris de : *Vive la Commune !*

Fortifiés dans leur étage de la 3e division, nos chers collègues, qui nous voyaient prendre la fuite, ignorant notre position, s'efforçaient de nous faire des signes, de nous dissuader de quitter la Roquette, sentant le danger que nous allions courir durant notre évasion.

Un charmant vicaire de Belleville, qui me connaît d'une manière spéciale, était dans la plus grande perplexité en me voyant au moment de ma fuite. M. l'abbé Depontaillier aurait voulu à tout prix me retenir et me recevoir, si cela eût été possible, au milieu de sa petite « république improvisée. » Malheureusement, nous ne comprenions rien à tous leurs signes, dans le désarroi où l'on était.

Jamais je n'avais parcouru les quartiers de la Roquette. Aussi, mon cher ami, je ne savais si je devais prendre à droite ou à gauche ni en quel quartier j'allais me trouver. Je me décide à prendre à droite. Je vois bientôt le cimetière du Père-Lachaise. On s'y battait avec ardeur. Plus j'avançais, plus je courais de danger. Les balles sifflaient à mes oreilles de tous côtés. Je longeais les murs avec précaution. Quelques personnes m'aperçurent de chez elles.

Les portes s'entr'ouvraient :

« Où allez vous donc, malheureux ? Prenez à droite, prenez à gauche. Vous n'entendez donc pas les balles ? »

Je frappe aux portes des hôtels ; on n'ouvre pas. Je frappe aux portes des maisons particulières. Je demande avec instance l'hospitalité. On est effrayé ; on me refuse partout. Je m'arrête au coin d'un mur élevé. « Si je « continue, je suis perdu. J'élève mon cœur « à Dieu. Sur dix chances, j'en ai huit de « salut, si je rentre à la Roquette. Les bons « gardiens me cacheront. »

Ma résolution est aussitôt prise. Malgré de vives douleurs à la jambe, je sens un courage extraordinaire. Je reprends au plus vite le chemin de la Grande-Roquette. Les gardiens sont ébahis en me voyant arriver. « Je ne trouve aucun asile ; le danger est « immense : cachez-moi dans la prison. »

Au même instant arrive M. l'abbé Petit, secrétaire général de l'archevêché, qui avait éprouvé les mêmes vicissitudes que moi. Il était encore ému du danger qu'il avait couru en regagnant la Roquette. Deux jeunes Pères de Picpus, un séminariste de Saint-Sulpice, M. Gard, quelques gendarmes, vinrent nous rejoindre pour les mêmes motifs

« L'endroit le plus sûr pour vous cacher, » reprennent les gardiens, « c'est l'infirmerie. » Les infirmiers nous reçoivent avec empressement. On nous place aussitôt dans les lits vacants ; on nous donne de sales bonnets de malades. Chacun reçoit le nom du dernier malade qui a occupé ce lit et qui est inscrit sur le registre officiel de la prison. Le mien était Micholain. Le jeune infirmier nous fait répéter nos noms. « Ne craignez rien, mes-« sieurs ; si l'on vient, on ne peut que vous « demander vos noms. Le directeur n'est « jamais venu à l'infirmerie ; il ne connaît « personne. » — Quelle situation, mon cher ami ! L'épée de Damoclès était encore suspendue sur nos têtes. Le moindre bruit dans la prison nous faisait retenir notre haleine.

Quelle protection visible ! Les fédérés reviennent vers huit heures et demie du soir. Nos infirmiers le savent. Ils nous le cachent par un sentiment de charité. Les fédérés font quelques tentatives pour mettre le feu aux barricades des otages de la 2e et 3e division. Ils ne réussissent pas. Ils réclament les otages de notre division. « Ils sont tous partis, » leur répondit-on. « Ils ont pris la fuite. » Quelques-uns d'entre eux visitent notre étage, recueillent quelques effets abandonnés sur les couchettes, quelques bréviaires, et brûlent le tout au milieu d'une cour. Comment n'ont-ils pas eu la pensée de venir à l'infirmerie? — La fatigue, l'émotion continuelle depuis notre arrivée à la Roquette nous accablait. Le sentiment du danger que nous courions encore tenait notre esprit en suspens et nous empêchait de nous livrer au sommeil. Les fédérés se retirèrent vers onze heures du soir pour ne plus revenir, comme nous l'avons su plus tard. Les infirmiers nous ayant promis d'avoir l'oreille aux aguets, nous nous livrâmes au sommeil, en bénissant Dieu, avec toute la vivacité que la foi inspire en une situation aussi critique, en suppliant notre bon ange de nous couvrir de sa protection.

Un peu avant quatre heures du matin, le jeune infirmier s'éveille au bruit qu'il entend. « Attention, messieurs ! » — Il saute hors de sa couche en chemise, nous fait répéter à chacun nos noms de malade et se dirige du côté de la porte. « On vient ici ; attention, messieurs ! » — Il avait à peine achevé ces paroles que la porte s'ouvre. Un colonel, tenant de la main gauche son épée en l'air, de la droite son revolver à plusieurs coups, entre avec une ardeur toute martiale. « Qui crie vive la France ici ? — Vive la France ! Vive la France ! » de tous les lits. Le colonel s'avance : « Où est l'Archevêque ? où est Monseigneur ? » fit-il d'une voix presque tremblante. — M. l'abbé Petit s'élance, les larmes aux yeux, en chemise, au cou du colonel : « Ah ! colonel ! vous ne savez donc pas ? Ils l'ont fusillé mercredi ! — Oh ! les brigands ! » fit le valeureux colonel de Plas. Un bataillon de marins fusiliers le suivait, l'œil en feu, avec une ardeur indescriptible. Tous répètent d'une voix émue : « Ah ! les scélérats ! » Nous embrassons le Colonel ; nous embrassons les marins, nos libérateurs. Nous respirons. La joie inonde notre âme. La reconnaissance déborde de notre cœur. Nous tremblons, en quelque sorte, sous l'émotion de la joie. Ce drame finissait à peine. Il nous semblait déjà un rêve, à présent que nous étions sauvés. « Attendez un peu avant de « sortir, nous dit le colonel; l'infanterie « arrive et va occuper les boulevards dans « quelques instants. Vous suivrez la troupe, « car il y a encore du danger. Ces scélérats, « cachés dans les maisons, tirent encore « sur nous. » Le Colonel continue sa ronde dans la maison, visite avec soin tous les étages. Il arrive à la 3e division. « Mes « amis, vive la France ! voici vos libérateurs! « Sortez ! » Le brave turco, sachant que la Commune avait des soldats dont le costume était semblable, n'osait encore crier : Vive la France ! « On nous a trompés hier. « Dix-sept des nôtres ont été enlevés d'ici « par fraude et fusillés. Colonel, veuillez me « montrer votre carnet. » Le Colonel s'en vient présenter, avec la plus grande bonté, son carnet. Félix Teyssier n'est pas encore satisfait. « Colonel, si vous voulez que nous « sortions, remettez-moi votre revolver et « envoyez-nous vingt fusils. » Cette résistance étonnait le brave colonel, mais sans lui causer le moindre déplaisir. Il cède à l'instant son revolver et fait passer les fusils demandés. Aussitôt, par un enchantement encore plus magique, les barricades sont démolies, la grille est ouverte et les 82 otages de ces deux divisions sont entre les bras de leurs libérateurs.

Avant de se séparer, les dix ecclésiastiques versent en commun l'argent qui leur reste, l'offrent à Félix Teyssier, avec leurs sentiments de la plus affectueuse gratitude, pour sa belle conduite en toute cette affaire. Ces dignes prêtres viennent aussitôt nous rejoindre dans la cour du milieu. M. Depontaillier me saute au cou avec la plus tendre amitié. Les otages sauvés se mêlent, eux, à nos libérateurs. Félix Teyssier ne veut pas garder la somme qui lui a été offerte. Il la verse, avant même de l'avoir mise dans ses poches, entre les mains des marins fusiliers, avec un à-propos qui double le prix de sa générosité et de son désintéressement admirables.

L'autorité militaire aura sans doute connaissance de la brillante conduite de Félix Teyssier. 82 otages lui doivent leur salut. Si j'étais membre de cette division, je ferais frapper une médaille commémorative pour ce brave sergent-major. Il l'a mérité doublement. La Commune lui a fait, à bien des reprises, de la manière la plus séduisante, les offres les plus capables d'ébranler un prisonnier. Félix Teyssier ne les a pas seulement repoussées avec énergie, mais avec un véritable mépris, qui devait aller au cœur des misérables séducteurs.

Vers six heures du matin, l'infanterie va prendre possession des boulevards. Le combat n'était pas fini. On se battait encore dans quelques endroits de Belleville et de Ménilmontant. Au moment de sortir de la Roquette, nous apprîmes une douloureuse nouvelle. Cinq ou six otages, en prenant la fuite la veille au soir, auraient succombé, disait-on, autour des barricades. Nous ne savions pas les noms de ces victimes.

A peine hors de la prison, tous les chefs militaires que nous rencontrions nous demandaient : « Où est Mgr l'Archevêque ? » — Personne ne savait la fatale nouvelle ! Sur tout le parcours, ce fut la même demande, même autour de la prison. L'indignation, la douleur la plus vive, au point de faire pâlir la figure des officiers et des soldats, se manifestèrent chez tous en apprenant le massacre des otages. Rien n'avait transpiré dans le public. Chose étrange! Le *Petit Moniteur* et d'autres journaux, qui se criaient à ce moment même dans les rues de Paris, annonçaient la délivrance de Mgr Darboy et des otages! Laissez-moi vous dire ici, à la louange des officiers de l'armée qui ont été les élèves des Pères de la Compagnie de Jésus, que partout ils nous demandaient avec empressement des nouvelles de leurs anciens maîtres : le P. Ducoudray, le P. Clerc, le P. Olivaint, etc. Je ne puis vous exprimer leur douleur indignée, en apprenant de notre bouche la triste nouvelle.

Les mêmes causes, mon cher ami, *produisent les mêmes effets*. Durant ma captivité, j'ai souvent eu l'occasion de me convaincre que la majorité des otages éprouvaient, à des nuances près, les mêmes impressions, tiraient des faits dont ils étaient témoins les mêmes présages. Cela est, je pense, dans l'essence même de notre nature.

Ce matin, fête de la Pentecôte, nous quittons la prison de la Roquette. Que d'émotions profondes nous y avons ressenties! Un séjour un peu plus prolongé dans ce lieu, avec le concours des circonstances où nous nous y trouvions, pouvait ébranler la tête la plus énergique, le cœur le plus valeureux! A chaque heure du jour et de la nuit, nous étions exposés à un massacre barbare, « en haine de la religion divine que nous prêchons. » On nous enlevait successivement, avec un rire satanique, comme un vil troupeau de bétail que l'on conduit à la boucherie; on nous comptait de la même manière.

Vers six heures et demie du matin, nous sortions, en toute sécurité, avec toute notre liberté, de cette terrible prison de criminels condamnés (1).

Nous y étions entrés accablés par les huées féroces d'une foule altérée de notre sang. Nous en sortons, à l'ombre de nos braves libérateurs qui nous prodiguent les marques du respect le plus touchant et nous expriment tout le bonheur qu'ils ressentent d'avoir brisé nos fers. Leur joie serait complète si tous les otages,

---

(1) Outre les dix otages ecclésiastiques de la 3e division, dont j'ai donné les noms plus haut, deux Pères de Picpus, M. Gard, séminariste, M. Petit, de l'archevêché, et moi, étions rentrés la veille au soir à la Roquette. Nous en sortions le matin de la Pentecôte, avec les autres otages civils, qui s'étaient barricadés.

Mgr Darboy en tête, se trouvaient autour d'eux. Je vois à mes côtés M. Petit, de l'archevêché, M. Amodru, de Notre-Dame des Victoires, M. Depontaillier, de Belleville, etc. Je lis sur la figure de ces chers et dignes collègues de captivité. Leur impression, à ce moment solennel, ne diffère, ce me semble, presque en rien, de la mienne.

Notre sortie miraculeuse de la Roquette me paraît, avant tout, *un rêve. Existimabat autem se visum videre.* (Act. XII). *Est-ce bien vrai? Sortons-nous véritablement de la Roquette? N'est-ce pas une illusion des sens? Ne nous trompons-nous point?* — Ce doute est si fort, mon cher ami, qu'il enveloppe, pour ainsi dire, toute mon intelligence! — Nous voilà libres! Nous voilà sauvés! — Nous le croyons à peine. Une douce joie inonde le cœur; la reconnaissance le remplit. Et pourtant, mon cher ami, ces sentiments si naturels, si légitimes, surtout à un cœur de prêtre, sont encore comme retenus captifs. Ils ne se manifestent point au dehors. La surprise, l'étonnement, le doute, les contiennent. Il faut, vous le dirai-je, un effort sur soi-même pour se bien persuader que l'on est libre, que l'on quitte la Roquette en toute sûreté, que tout cela, en un mot, n'est pas un rêve. Les otages laïques ont éprouvé les mêmes sensations, soyez-en assuré.

Il était environ huit heures du matin lorsque je faisais mon entrée au séminaire des Missions Étrangères. On ne savait rien de notre évasion de la veille. *Cum autem aperuissent, viderunt eum et obstupuerunt.* (Act. XII.) — Vous devinez avec quelle charité fraternelle je fus accueilli par mes bien-aimés collègues de cette maison. Je leur racontai, en peu de mots, notre délivrance de la Roquette. *Narravit quomodo Dominus eduxisset eum de carcere.* (Act. XII.)

J'avais hâte de me jeter aux pieds de la Majesté de Dieu, de donner un libre cours aux vives émotions de mon cœur! *Quid retribuam Domino?* — Pouvais-je dignement rendre grâces à Dieu? Si, nulle part, on ne sent mieux la petitesse de l'homme, la majesté de Dieu que sur un navire, au milieu de l'immense océan, par une mer calme et azurée, jamais peut-être, mon cher ami, je n'avais ressenti, comme au sortir de la Roquette, à ce moment de l'action de grâces, toute ma parfaite et pleine insuffisance à rendre grâces à la Bonté divine, selon l'étendue de ses bienfaits et de ma juste reconnaissance. « Le Seigneur venait de briser les fers de ma captivité. » *Dirupisti vincula mea.*

Il me restait l'immense ressource de l'offrande du Sacrifice auguste de nos autels. *Calicem salutaris accipiam.* Depuis deux mois, j'étais privé du bonheur de l'offrir ! La crainte de *rêver* au sujet de notre délivrance disparaissait de minute en minute. C'était bien à présent une *réalité*. Trois sentiments partageaient alors mon cœur : la joie, la reconnaissance, la confusion. Oui, mon cher ami, la gloire de nos récents martyrs m'inspirait une confusion que je ne saurais vous dépeindre.

Le retour de M. l'abbé Guerrin suivit le mien de près. Ce cher et aimable confrère avait, à peu de distance de la Roquette, rencontré, la veille au soir, une pauvre famille qui lui donna dans sa mansarde une hospitalité pleine de bienveillance... Je n'avais pas eu la même fortune. Ou, si vous le voulez bien, je vous en ferai l'aveu : après avoir frappé en vain à une foule de portes, éprouvé partout un refus, bien dur, je trouvai « une seule maison » qui consentit à me donner asile pour la nuit. Mais à peine y fus-je entré que je ressentis comme un frisson de terreur. Souvenez-vous de la célèbre *Rahab*, dont parle l'Écriture sainte, et vous saurez où je me trouvais. Je balbutiai quelques paroles, tout en songeant aux moyens de sortir au plus vite de ce lieu.

En fuyant la persécution de son pays, sous les empereurs romains, vers l'an 313 de Jésus-Christ, saint Narcisse, avec son diacre Félix, était tombé, lui aussi, dans une maison de ce genre, à Ausbourg, en Bavière. — Vous avez lu sans doute, dans les *Actes des Martyrs*, de don Ruinart, cette curieuse histoire de saint Narcisse. Mais je n'avais pas de diacre avec moi, et les *courtisanes* de notre pays civilisé ne seraient pas accessibles à la *voix de la grâce*, je crois, comme le fut sainte Afre, sainte Hilarie, sa mère, et leurs jeunes compagnes consacrées au culte de Vénus. Toutes embrassèrent la foi et reçurent peu après le baptême du sang.

En Chine, la question se serait posée pour moi presque de la même manière que pour saint Narcisse. Je serais demeuré là. Je ne puis vous rapporter ici cette mémorable histoire ; je vous engage seulement à la relire dans l'ouvrage de dom Ruinart (1). Je donnai quelques prétextes et je sortis, après un bon quart d'heure de tortures morales, de ce lieu doublement périlleux.

A cause des tristes évènements du jour et de notre captivité, on avait renoncé à célébrer, dans notre chapelle du séminaire, un office solennel. La joie que causait notre délivrance fit aussitôt revenir sur la première détermination. On disposa tout pour la cérémonie, et M. Guerrin, « otage de la Commune, condamné de la Roquette, » fut le célébrant. M. Houillon manquait, il est vrai, mais on espérait le voir arriver aussi d'un moment à l'autre. L'office était à peine commencé quand, à ma grande surprise, M. le proviseur du lycée de Vanves vint nous visiter et prendre religieusement part à la joie et à l'action de grâces communes. M. Chevriaux avait un ardent désir de faire la sainte Communion des mains de M. Guerrin, qui à la Roquette était son voisin de cellule. Par une touchante générosité, M. Guerrin avait offert

(1) Voir l'*Hist. de l'Église*, par Rohrbacher, tom. VI, page 68, ou les *Actes des Martyrs*, de D. Ruinart.

à M. Chevriaux de répondre à l'appel de son nom, si la chose était possible, et de lui sauver ainsi la vie.

A moins d'une exécution sommaire, le dévouement admirable de M. Guerrin ne pouvait recevoir son accomplissement. Le passage au greffe de la prison aurait dévoilé l'erreur dans l'échange des prisonniers. Là, on fait un nouveau relevé de l'acte d'entrée. Chacun décline, comme la première fois, non-seulement ses noms, mais ceux de ses parents, le lieu de naissance, etc. Après l'office, l'excellent Proviseur demeura quelques heures au milieu de nous et nous raconta sa bonne fortune dans la fuite de la veille. La plupart des autres otages avaient pareillement réussi à trouver une généreuse hospitalité non loin de la Roquette.

Les bruits les plus contradictoires sur les otages circulent aujourd'hui dans les rues de la ville. Les uns racontent les « massacres » qui ont eu lieu. Les autres affirment « que les otages sont sauvés, que Mgr Darboy est en sûreté, qu'il est à Versailles ! » J'avais cru, mon cher ami, que l'affreuse nouvelle du massacre des premiers otages était connue dans tout Paris, dès le jeudi matin, et dans toute la France le jeudi soir. Il n'en était rien.

La première sollicitude des chefs militaires qui prirent possession le matin de la Roquette, a été de s'informer où gisaient les dépouilles mortelles de ces illustres victimes du 24 mai et des jours suivants. Les barbares exécuteurs de l'archevêque de Paris et de ses compagnons étaient venus recueillir ces corps couverts de blessures glorieuses, vers le milieu de la nuit. Ils avaient fouillé ces victimes, enlevé la croix pectorale de l'archevêque, son anneau, sa montre, jusqu'à ses souliers. — Sa soutane était déchirée à l'endroit des poches.

La main de ces scélérats devait être tremblante en accomplissant ce crime.

Ils avaient enveloppé les corps des six victimes dans une même couverture, que l'on conserve à la Roquette, et placé le tout sur une voiture à bras. On les conduisit au cimetière du Père-Lachaise et on les jeta ensemble dans une même fosse creusée à l'avance. C'est là qu'on est allé aujourd'hui recueillir ces précieuses dépouilles. Une simple couche de terre les couvrait ; il avait plu le vendredi, et le samedi; on dut employer des précautions pour déblayer de leur figure cette boue sanglante.

Monseigneur avait laissé croître sa barbe durant toute sa captivité. Le prélat, m'a-t-on dit à Mazas, n'a jamais pu souffrir qu'une main étrangère lui fît la barbe. Vous savez, mon cher ami, qu'on ne permet pas qu'aucun instrument tranchant demeure entre les mains des prisonniers. Cette barbe de deux mois contribuait à rendre plus méconnaissable la figure de Mgr Darboy. Ses vêtements étaient souillés et ensanglantés. Trois coups de feu avaient frappé l'archevêque de Paris ; deux dans la région de la poitrine, à droite ; une, un peu plus bas à gauche.

On a fait courir le bruit que Mgr Darboy avait été fusillé par derrière. M. le docteur Désormeaux et ses collègues affirment que cela est une erreur. Le vénérable prélat a reçu, après être tombé sur l'arène sanglante, quelques coups de baïonnette dans les reins. C'est ainsi que les vêtements se sont trouvés lacérés en cet endroit.

Le pouce et l'index de la main droite sont broyés et à moitié enlevés. Il paraît vraisemblable que l'Archevêque martyr aura porté sa main sur sa poitrine en prononçant quelques paroles, ou l'aura avancée pour bénir ses bourreaux. La face avait subi un gonflement notable dû à un commencement d'emphysème. Vers trois heures de l'après-midi, un corbillard traversait le faubourg Saint-Germain, ramenant à l'archevêché les restes mortels de Mgr Darboy. Je traversais la rue du Bac, à ce moment. La foule était douloureusement impressionnée. Je me trouvais tellement envahi par les connaissances de ce quartier que je dus rentrer à la maison. Chacun voulait avoir des détails sur ces douloureux événements, sur les dernières paroles de Monseigneur.

En voici une qui montre l'égalité d'âme et la sérénité de ce prélat durant sa captivité. J'avais oublié de vous la citer. Mgr Darboy l'a répétée bien des fois mot par mot à l'honorable docteur de Mazas, M. de Beauvais, lorsqu'on lui donnait l'espoir d'une prochaine délivrance : « Mon cher docteur, pour moi, la vie est une surface plane ; elle n'a ni haut ni bas. »

Le vénérable curé de la Madeleine avait reçu deux balles, l'une à la poitrine, l'autre à la tête. Tout porte à croire qu'il avait ouvert sa soutane et présenté ainsi noblement sa poitrine aux bourreaux, car sa soutane n'a nulle part présenté l'ouverture que le projectile devait y faire. L'autre balle s'était arrêtée dans la tête. Le corps de M. Deguerry a pareillement été ramené en ville et placé dans un des caveaux de l'église de la Madeleine.

Je vous ai dit la *majesté* de M. Deguerry durant toute sa détention. Il n'est aucun otage qui n'en ait été frappé. Moins que personne, il se faisait illusion sur la situation. Je me suis promené avec lui le mercredi, dernier jour de sa vie, durant une demi-heure. Après l'avoir quitté, je ne cessais de faire remarquer à quelques-uns de nos autres collègues le calme et la sécurité qui brillaient sur la figure de ce curé distingué. Quand on lui demandait si le danger de notre situation lui causait du trouble, il répondait invariablement ces paroles : « Pourquoi voulez-vous « que j'éprouve du trouble à la pensée de la « mort ? Les missionnaires, et nous en avons « au milieu de nous, ne partent-ils pas avec « un cœur joyeux, malgré la presque certitude « de succomber ? Mourir comme eux serait « un si grand honneur que je n'ose l'espérer. »

A d'autres amis, M. Deguerry disait :

« Mourir à 74 ans, il n'y a pas grand mérite; car à cet âge on a déjà un pied dans la tombe. Je voudrais avoir 25 ans pour faire un sacrifice en offrant ma vie. » Ces paroles vous peignent à merveille M. le curé de la Madeleine.

Il paraît, mon cher ami, que M. Bonjean ancien sénateur, a été, d'une manière toute spéciale, l'objet de la fureur de ses bourreaux. Son corps a été affreusement mutilé. Il avait les jambes comme broyées par les coups. Quelle rage infernale !

Le jour de la Pentecôte s'écoule sans que M. Houillon ait reparu. Je ressens la crainte fondée qu'il ne soit l'une des victimes, dont on parlait ce matin à la prison, et qui aurait succombé en prenant la fuite. Ce douloureux pressentiment devient d'heure en heure plus probable. Sain et sauf, il serait de retour au milieu de nous ; blessé en fuyant, il n'aurait pas manqué de nous faire informer de sa situation.

Le lendemain de la Pentecôte, nous nous rendons de bonne heure, M. Guerrin et moi, à la grande Roquette, pour prendre des informations. Nous trouvons les braves et valeureux marins qui nous avaient délivrés hier. Ils s'empressent autour de nous. Ils veulent à tout prix des reliques des martyrs, surtout un morceau de la soutane de Mgr l'Archevêque. Leur accent de foi m'édifie singulièremeut. Malheureusement, je ne pouvais satisfaire leur pieux désir. Ces braves marins n'auraient pas souffert que l'on dît, en leur présence, que les prêtres victimes de la Commune n'étaient point de *vrais martyrs*.

On venait de découvrir quelques corps enterrés aux pieds d'un arbre non loin de la petite Roquette. Du sable mélangé à de la terre humide avait été jeté sur ces victimes. On les transporta à la prison. Le visage couvert de boue était à peine reconnaissable. Le serviteur de Mgr Surat, premier vicaire général, venait aussi à la recherche de son vénéré maître, qui n'avait point reparu la veille, comme M. Houillon. Introduits ensemble auprès de ces dépouilles mortelles, il fallut du temps pour en faire la reconnaissance. Le serviteur de Mgr Surat reconnut son maître surtout à l'inspection de ses vêtements de dessous et à une croix pectorale, qui venait, paraît-il, de Mgr de Quélen. M. Bécourt, curé de Bonne-Nouvelle, fut ensuite reconnu.

Quant aux deux autres, on ne les reconnut pas aussitôt. L'un était M. Houillon, missionnaire apostolique de Chine, mon cher compagnon de captivité. L'autre était M. Chaulieu, ancien employé de la Préfecture de Police.

Comment ces otages avaient-ils succombé ? Comment leurs corps ont-ils été inhumés ensemble dans la même fosse, non loin de la prison ?

Voici le témoignage de témoins oculaires. Mgr Surat et M. Bayle, tous deux vicaires généraux, fuyaient ensemble, suivis ou précédés de quelques autres otages. Tous étaient revêtus d'habits civils. M. Bayle portait sous son bras un paquet de vêtements qui le gênait singulièrement. Ce digne vicaire général, dont un homme du monde me disait un jour « qu'il lui trouvait la figure d'un martyr », chercha à déposer son embarrassant paquet sur le seuil de quelque maison. Une femme, qui s'en aperçut, lui dit aussitôt : « Que faites-vous là ? Vous allez me compromettre. Reprenez vite ce paquet. » Le bon vicaire général reprit son fardeau, continua sa route, mais ses compagnons l'avaient déjà bien dépassé.

Le temps pressait. M. Bayle, pour les rejoindre plus promptement, suivit une rue de traverse, qui, dans son estimation, devait aboutir à la rue dans laquelle il rencontrerait ses chers collègues. Mais une barricade l'empêcha d'aller plus loin. Il aperçut de loin Mgr Surat qui voulait franchir une barricade et que l'on repoussait. M. Bayle rebroussa chemin. Il vit alors une porte entr'ouverte, demanda à déposer son fardeau et même à recevoir l'hospitalité pour la nuit. « Je suis prêtre, otage de la Commune ; nous nous sommes échappés de la Roquete. Vous pouvez me sauver la vie. » La bonne femme qui recevait ces paroles lui fit un accueil aussi gracieux qu'empressé. « Venez vite, monsieur ; je suis Bretonne ; j'aime bien les prêtres. Je suis très-heureuse de vous recevoir chez moi. »

Quant aux compagnons de M. Bayle, après avoir erré un peu dans les rues, ils arrivèrent à l'angle de la rue Richard-le-Noir. Ils entrèrent au nº 2, chez une crêmière, qui voulut les cacher. Pour des motifs que l'on ignore, nos fugitifs n'acceptèrent pas ces offres. Ils voulurent continuer leur route, mais à une petite distance de là, les fédérés les rencontrent, les arrêtent tous les quatre. On les introduit dans un bureau d'omnibus : on les juge sommairement, en les accablant d'injures. Conduits aussitôt au coin de la petite Roquette, à l'angle du mur qui fait le coin de la rue Servan, on se met en mesure de les exécuter. Plusieurs jeunes filles se disputaient l'honneur d'exécuter ce forfait.

Pendant qu'on se préparait à les mettre à mort en cet endroit-là, l'un d'eux essaya de prendre la fuite. Mais un jeune détenu (1) le poursuivit et le fit arrêter par les fédérés, qui arrivaient dans la direction de la Roquette. Au moment où il revenait à l'angle du mur, dit le témoin oculaire, ses trois compagnons étaient déjà étendus morts sur le pavé.

(1) Tous les jeunes détenus de la petite Roquette avaient été mis en liberté. Plusieurs d'entre eux ont été témoins de toute la scène que nous racontons ici. A part un petit nombre, presque tous sont rentrés à la Roquette. Ils fourniront à la justice des détails importants. — Ce que nous disons ici sur le massacre des dernières victimes et leur attitude dans le dernier moment est donné *sous toute réserve*.

On venait de les passer par les armes. Ce fugitif était ou Mgr Surat ou M. Houillon. Ramené au lieu de la scène, une jeune fille de 18 à 20 ans, comme une furie s'avançait à lui, le blasphème à la bouche. Selon le témoignage d'un jeune détenu, le fugitif aurait demandé grâce à cette malheureuse.

Mais la jeune fille, frémissante de rage, s'approche du prêtre de manière à le toucher. « De la grâce... Ah! je vais t'en f.....! » Les blasphèmes les plus atroces coulaient de ses lèvres. Sans perdre une seconde, elle avait déchargé son arme et la victime était tombée.

Ces infâmes sicaires prirent les corps de leurs victimes, et les déposèrent à une petite distance de là, au pied d'un arbre, dans une fosse commune peu profonde.

J'ai visité, mon cher ami, l'endroit où ces vénérables collègues ont succombé sous les balles de ces assassins sans nom, et la fosse encore béante qui a reçu leurs précieuses dépouilles. Les témoins oculaires de ces atrocités vivent encore. Il est probable qu'ils feront d'autres aveux et combleront les lacunes de mon récit.

Croiriez-vous, mon cher ami, que le gouvernement de Versailles ne fut informé du massacre des otages que le dimanche de la Pentecôte, entre midi et une heure ? Les Ministres, la majorité des membres de l'Assemblée nationale, une foule immense de fidèles se trouvaient alors réunis à la Cathédrale pour adresser à Dieu des prières en faveur de la France. Le Nonce de Sa Sainteté, Mgr l'évêque de Versailles, deux évêques de la Chine, Mgr Guillemin et Mgr Desflèches, présidaient la cérémonie. Un courrier du gouvernement apporta, sur la fin de ces prières publiques, le télégramme annonçant le massacre des otages. L'impression fut des plus douloureuses.

Ce n'est, mon cher ami, qu'après notre sortie de la Roquette que nous avons connu le sort des victimes du vendredi 26 mai. Chacun pensait d'abord qu'on les immolerait au même lieu que l'Archevêque de Paris. De toutes les cellules qui donnent sur le préau, on veillait pour suivre le cortége des victimes. La prison étant demeurée fort silencieuse, on ne douta plus qu'elles n'eussent été conduites au cimetière du Père-Lachaise. C'était la pensée la plus naturelle, celle qui devait venir la première à l'esprit.

Mais la mansuétude du caractère sacerdotal

nous abusait. Ces deux mois de dure captivité, durant lesquels nous avions vu, entendu tant de choses atroces, ne nous avaient pas encore convaincus pratiquement que nos ennemis surpassaient en cruauté, en férocité raffinées, les sauvages dont le nom seul inspire le plus profond dégoût. Le malheur de notre France sera de ne pas croire à toute la scélératesse de la Commune de Paris, ou de l'oublier dans un délai si bref, si bref que je n'ose le dire !

L'enquête seule, faite par le gouvernement, donnera peut-être les détails exacts et précis sur cette affreuse et sauvage exécution du 26 mai au soir.

Ces infortunées victimes furent conduites à travers la ville, à pied, dans un quartier de Belleville. La distance de ce lieu à la Roquette est assez considérable. Pourquoi les conduire là de préférence ? Les bourreaux ont dû avoir un double motif : celui d'exposer ces victimes, au nombre de quarante à cinquante, aux outrages, aux huées d'une populace immonde, et de jouir plus longtemps et avec plus de délices de cette affreuse boucherie.

Jamais on ne pourra donner une autre explication au sujet du choix d'un semblable lieu. Avec nos modernes *Peaux-Rouges*, on est toujours au-dessous de la vérité, dès qu'on les juge au point de vue de l'inhumanité. Il est certain que les victimes ont été horriblement maltraitées, durant ce trajet, soit par cette foule infâme, soit par les soldats choisis pour remplir une aussi triste mission. Plusieurs témoignages de gens honnêtes, témoins d'une partie de cette scène dégradante, sont venus jeter un jour lugubre sur le cortége de ces chères victimes. J'ai vu ces figures patibulaires, ces monstres que la société devrait impitoyablement reléguer dans une île lointaine. Ce seul souvenir me glace encore d'effroi.

L'horreur s'accroît à la vue de ces malheureuses femmes, qui surpassent tous les hommes en exaltation et en acharnement. L'homme scélérat, qui joue aux victimes, laisse encore voir je ne sais quoi d'humain sur sa figure, même dans ses plus grands excès.

Mais la femme en proie à ces passions extrêmes surpasse de tout le ciel la perversité, la rage, la fureur, la cruauté de l'homme. L'Écriture, au reste, l'a dit en une seule parole : *Mulier non satiabitur sanguine*. Sa rage va plus loin que le sang versé. Les témoins qui, du haut de leur fenêtre, ont entrevu le cortége des otages, osent à peine dire les injures dont on accablait ces infortunés. Ils parlent surtout d'un vieux prêtre que l'on maltraitait plus spécialement. L'examen du corps des victimes a confirmé tous ces douloureux témoignages. J'ai bien des raisons de croire que ce digne professeur de la foi appartenait à la société des Pères de Picpus.

Quel ordre suivait-on dans ce cortége ? Je ne puis que répéter ici les détails donnés par le R. P. Escalle, aumônier du 1er corps d'armée, qui a fait une enquête judicieuse, en allant reconnaître, quelques jours plus tard, les dépouilles mortelles de ces chères victimes.

Les prisonniers seraient sortis de la Roquette précédés de tambours et de clairons, marquant bruyamment une marche. Des gardes nationaux nombreux les entouraient. Outre les bataillons ordinaires et qu'on appellerait réguliers de la garde nationale, la Commune avait formé une foule de bataillons portant un costume et un nom particuliers. Chaque nom était fort significatif : les Vengeurs de la Commune, les Enfants perdus de Bergeret, les Tirailleurs du *Père Duchêne*, les Vengeurs de Flourens, etc.

C'était un choix de ce qu'il y a de plus parfait dans les voyous de tout genre et de toute espèce de la ville de Paris. La Villette, Belleville, Ménilmontant et quelque quartier semblable, ont le riche privilége de pouvoir fournir d'ici à longtemps d'abondantes recrues à ces infernales légions de la Commune. Chacun se demande à présent avec une anxiété légitime si le gouvernement n'expulsera pas, « sans rémission, » tous les habitants de ces quartiers, perpétuels foyers des clubs révolutionnaires, de l'émeute et du désordre. S'il n'y songe pas sérieusement, il laisse à la Commune un de ses boulevards les plus précieux.

Les jeunes bandits ou enfants perdus de Bergeret avaient mérité l'insigne faveur de prendre part à ce drame si avilissant. Leur office devait être, sans doute, de prodiguer le plus d'injures à ces victimes et de s'habituer à ces scènes de carnage.

Le cortége suivit la rue de Paris et pénétra dans la rue Haxo. Dans cette dernière rue, au nº 83, se trouve l'entrée d'un petit passage qui conduit à la cité de Vincennes.

Les insurgés avaient établi là un de leurs quartiers généraux. A peu de distance se trouve un vaste enclos, que l'on avait le dessein de faire servir de salle de bal champêtre, quand la guerre éclata. A quelques mètres en avant d'un des murs de clôture règne jusqu'à hauteur d'appui un soubassement destiné à recevoir les treillis qui devaient fermer la salle. L'espace compris entre ce soubassement et le mur de clôture forme une large tranchée de 10 à 15 mètres. Un soupirail carré donnant sur la cave s'ouvre au milieu.

Voilà le local que ces scélérats avaient choisi pour le crime.

Les victimes et les assassins pénétrèrent dans cet enclos. L'état-major des diverses légions gardait et défendait ce lieu de sinistre mémoire, au moment où le cortége arrivait.

Peu de personnes ont pu pénétrer dans l'enceinte de cet enclos, en dehors des cinquante victimes et des assassins.

Aussi, jusqu'à cette heure, on ne connaît pas les circonstances et la durée de l'exécution de ce crime sans exemple. Il sera difficile que la justice ne découvre pas quelques-uns des complices, témoins oculaires de cette scène de carnage.

Tout ce que l'on sait, c'est que la scène a dû être horrible à voir. Les victimes ont dû être assassinées en masse, à coups de revolvers, par les scélérats qui se trouvaient dans ce lieu. Un très-petit nombre de coups de chassepots aurait été entendu. Le bruit des détonations était sourd, mêlé sans doute aux cris tumultueux, aux imprécations des bourreaux et aux accents de douleur des victimes.

Un homme en blouse et en chapeau gris serait sorti le premier de l'enclos, après cette scène horrible. La foule l'aurait accueilli avec des transports frénétiques de joie. Les jeunes femmes se montraient les plus ardentes.

Les corps des cinquante victimes furent jetés dans la cave, les prêtres d'abord, puis les gardes de Paris et les autres soldats de différentes armes.

C'est de là qu'avec beaucoup de peine, le R. P. Escalle, secondé par quelques officiers dont le dévouement a été admirable, a pu retirer les uns après les autres les corps de chacune de ces victimes. Malgré l'état avancé de putréfaction, on a pu aisément reconnaître chacun des prêtres.

Quelques pauvres femmes des gardes de Paris, arrivées dans la soirée, reconnurent leurs maris.

Le plus reconnaissable de ces corps était celui du jeune abbé Paul Seigneret, séminariste de Saint-Sulpice. Son visage avait conservé cet air de douce modestie, de sérénité, de candeur, qu'on y voyait briller de son vivant. On eût dit que cet *ange de piété* était simplement endormi.

Je ne puis, mon cher ami, résister au désir de vous citer ici quelques-unes des paroles que ce pieux séminariste adressait, du fond de son cachot, à M. l'abbé Sire, directeur de Saint-Sulpice (1). Elles ont un parfum ravis-

(1) Voici les noms des sept séminaristes de Saint-Sulpice, arrêtés le 11 avril à la Préfecture où ils allaient demander leurs passe-ports : MM. Deffau, diacre, du diocèse de Cahors; Barbequot, sous-diacre, du diocèse de Lyon ; Dechelette, minoré, du diocèse de Lyon ; Guitton, minoré, du diocèse de Lyon ; Raynal, tonsuré, du diocèse de Rodez ; Gard, tonsuré, du diocèse de Viviers; Seigneret, tonsuré, du diocèse de Saint-Claude.

sant de piété. A peine délivré de prison, M. Sire est venu me rendre visite et m'a longuement parlé de ce jeune martyr.

« Vous pouvez être parfaitement tranquille sur notre compte ; ici (à Mazas, 16 mai) les jours se succèdent pour nous comme de vrais jours de fête, sans langueur ni tristesse. Cet événement providentiel est destiné à répandre sur toute notre vie une sérénité sans tache. Nous en remercions Dieu du plus profond de notre cœur. L'avenir, de quelque façon qu'il nous arrive, se présente pour nous sous les apparences les plus heureuses.

« Je vis toute la journée plongé dans ma Bible, en présence de l'éternelle beauté qui, Dieu merci, m'a ravi pour jamais.........

. . . .

« Adieu, mon cher monsieur Sire ! Je chante le *Te Deum* tout le long du jour : vous voyez que je ne suis pas à plaindre. Hélas ! pendant que je vis si tranquille, il y en a des millions qui souffrent tant et de toute façon ! »

M. Paul Seigneret écrivait quelques jours plus tard au même directeur :

« Plus notre captivité se prolonge, plus nous sommes émus des témoignages sans nombre que nous y recevons ; nous ne sortirons d'ici que le cœur plein du profond amour des hommes.

« Vous avez vu sans doute dans les journaux les discours furibonds prononcés à l'Hôtel-de-Ville, après le renversement de la colonne Vendôme. Nos pauvres familles doivent être épouvantées ! Ce sont elles qui sont à plaindre, et non pas nous ! Pour nous, la Commune, sans qu'elle s'en doute, nous a fait tressaillir d'espérance avec ses menaces. Serait-il donc possible qu'au début seulement de notre vie, Dieu nous tînt quittes du reste, et que nous fussions jugés dignes de lui rendre ce témoignage du sang, plus fécond que l'emploi de mille vies ? Heureux le jour où nous verrons ces choses, si jamais elles nous arrivent ! Je n'y puis penser que les larmes dans les yeux ! »

Le 23 mai, deux jours avant sa mort, le même séminariste écrivait encore ces lignes d'une étonnante sérénité ; « Nous sommes ici dans la prison des condamnés : j'en bénis Dieu de toute mon âme. Tout me réussit à souhait ; j'avais si souvent demandé que, s'il devait arriver malheur à quelqu'un, ce fût à moi ! Il me semble déjà voir l'accomplissement de mon désir. Vous dire la fête où je suis serait chose difficile; je récite le *Te Deum* du matin au soir ! »

Les dépouilles mortelles des cinq Pères de la Compagnie de Jésus ont été recueillies avec respect et déposées dans la maison de résidence de la rue de Sèvres. C'est une nouvelle gloire pour la Compagnie de Jésus d'avoir fourni cinq glorieuses victimes, que chacun vénérera à l'égal des martyrs !

Je n'ai pas eu de rapports assez intimes avec Mgr Surat pour vous donner des détails sur ce respectable vicaire-général. Quel bonheur pour lui d'avoir succombé, comme son Archevêque, qu'il aimait tant, sous les coups des sicaires de la Commune ! Après une longue carrière toute consacrée au diocèse de Paris, tomber en martyr, quelle bonne fortune !

Deux ou trois fois, à la Roquette, le bon curé de Bonne-Nouvelle, M. Bécourt, vint s'asseoir sur ma couchette ; je fus bien édifié de sa foi vive et de sa soumission parfaite à la volonté divine. Il ne s'abusait pas sur la gravité de la situation.

Il ne m'appartient pas, mon cher ami, de vous dire la solide piété, l'esprit de zèle et d'abnégation de mon cher compagnon de captivité, M. Houillon. Il avait, j'en suis persuadé, l'intime conviction qu'il serait l'une des victimes de la Commune. Ce cher et vénéré confrère, originaire du diocèse de Saint-Dié, avait 45 ans environ. Il était de retour de la Chine depuis l'année dernière, pour rétablir sa santé gravement altérée.

Je termine ce long journal de ma captivité. Merci mille fois, mon cher ami, pour vos touchants témoignages d'amitié, pour vos bonnes et ferventes prières. Le *Journal officiel*, ayant annoncé que j'étais une des victimes de la Commune, a causé sans doute une certaine émotion à ma famille et à mes amis. Mais puis-je m'en plaindre ? Tous les jours j'apprends que de ferventes prières ont été adressées au ciel en ma faveur. Ma reconnaissance la plus affectueuse à toutes les personnes qui ont travaillé à ma délivrance, qui l'ont même obtenue, à plusieurs reprises, à cette bonne et pieuse demoiselle qui s'était vouée à nous soulager dans notre cachot !

Que de fois elle a été repoussée dans les avenues des trois prisons où nous avons successivement été détenus ! Que d'injures elle a subies avec un calme imperturbable, qui en imposait souvent à la grossièreté des subalternes de la Commune ! Au jour de la récompense éternelle, Notre Seigneur dira à cette pieuse demoiselle Delbos : « Vous m'avez visité et nourri dans mon cachot... *Quia visitasti me in carcere.* » Voilà la foi des fidèles de la primitive Église.

Je vais, sans aucun délai, mon cher ami, reprendre mes travaux sinologiques, et les poursuivre activement, Je suis presque au terme. Avec quel bonheur je prendrai de nouveau le chemin de l'Orient ! Il me tarde tant de revoir ces bons néophytes de la Chine !

Prions toujours beaucoup pour notre chère France ! Son réveil est bien lent !

Cambrai. — Typographie de Ve L. Carion et Cie.

www.ingramcontent.com/pod-product-compliance
Ingram Content Group UK Ltd.
Pitfield, Milton Keynes, MK11 3LW, UK
UKHW020451200726
13857UKWH00002B/668

9 782011 767943